財政支出削減の理論と
財源確保の手段に
関する諸問題

東北学院大学教授　小池　和彰［著］

税務経理協会

は し が き

　われわれは，言葉でもって世の中の網の目を区切っているが，言葉と物とは，本来は何のつながりもない。

　分類も恣意的であり，目的によってどうにでもなるものである。客観的な分類など存在しない。世の中には，何か絶対的に正しい分類法があるかのように信じている人がいるが，そんなものはもともと存在しない。あるのは，客観的な分類法があるはずであるという人々の信念だけである。

　山形県では，ギボウシという観葉植物がギンボと呼ばれて，その茎が食べられているという。観賞用かあるいは食用かという分類も，その地方によって異なる多分に慣習的なものである。

　医薬品かそうでないかも多分に恣意的であり，リポビタンＤは医薬品ではないとされているために駅のキヨスクでも簡単に販売されているが，もし仮に医薬品という分類がなされれば，われわれは駅で気軽にそれを購入することはできない。

　ある資産を取得するのに銀行から借入を行い，その借入金に関して利子を支払った場合の会計処理方法にも，分類の恣意性に関する問題が見られる（小池和彰「所得税法における支払利子の資本化」京都産業大学経済経営論叢，第33巻第３号，1998年12月）。これに関しては，二つの考え方がある。一つは，その利子費用を期間費用として損益計算書に計上するものであり，もう一つは，その資産の取得に要した費用として資産原価に算入するものである。

　支払利子を費用化する説と資産原価に含める説，双方の説それぞれに論拠があり，単純にどちらが優れているとはいえないところがある。現実には，会社に都合がよいように利用されているところもあり，たとえば不動産会社は，不況の際に支払利子を不動産の原価に含める実務を採用し，利益が出ているように見せかけたり，あるいは逆に，営団地下鉄が運賃を値上げした際に，利益が

1

あるにもかかわらず，値上げをしたことに関する批判を回避するため，建設仮勘定に含めていた利子を支払利子として費用計上する方法に変更したりしている（染谷恭次郎「会計上の利子概念」早稲田商学第297号，1982年10月）。

　裁判における分類も恣意的である。結局のところ，裁判所において行われる分類は，社会的に望ましいと考えられるものにすぎない。たとえば，一時期話題となったストックオプションの権利行使利益が一時所得か給与所得かという論争においても，そもそも従業員に対する給付という意味では給与所得であり，一時的偶発的という意味では一時所得である，ストックオプションの権利行使利益に対して，裁判所が分類をしようとしたことに過ぎない。

　また，最高裁の判決というのは，それ自体が分類であり，一般的に尊重されるべきである。実務の世界では当然無視することはできない存在であるが，研究者としては，この最高裁の判決という分類に縛られてしまってはいけない。たとえ最高裁の判決であっても，研究者であればその判決を批判的に検討する姿勢が重要ではないか。

　令和元年10月から導入された消費税の軽減税率にも分類の恣意性の問題がある。ミネラルウオーターは軽減税率の対象品目であるが，水道水は10％の標準税率である。これは，水道水が洗濯やおふろなど飲用以外にも使われるからであるという。

　税法は，分類学であるといっても過言ではない。少し皮肉を込めて語れば，税法という学問は，単なる分類（恣意的な）に過ぎない面がある。恥ずかしながら，筆者の著書『給与所得者の必要経費　増補改訂版』（税務経理協会・2017年）も分類に関する提言である。すなわち，筆者は，給与所得者の必要経費の判断基準として，仕事あるいは事業に関係して発生した経費を必要経費とすべきであり，しかも仕事（事業）を持たない人にもかかる経費を必要経費としないという判断基準を基にして，給与所得者の必要経費を画定している。何等"ものさし"がない状態であれば，給与所得者の必要経費などいかなるものにもなりうる。100人いれば，100の給与所得者の必要経費の分類が出来上がる可能性があるといってよい。

　本書で取り扱った三つの所得控除，寄附金控除，医療費控除，そして雑損控除が，所得から差し引かれる資格を有するかという問題も分類の恣意性とかかわりがある。ヘイグ・サイモンズの所得概念は包括的所得概念ともよばれ，そしてその包括的所得概念とは，一定期間における所得（累積）プラス消費であるとされ[1]，消費は所得にプラスされる。しかし，この消費に何が含まれるかは，明確ではない。個人に対して基本的に便益をもたらさない支出は消費に含まれないと考えると，寄附金も医療費も，そして災害損失や盗難による損失も，消費の範疇から除かれ，所得から差し引かれる資格を有すると考えることができる。

　本書で取り扱った三つの消費税に関する問題も分類の恣意性とかかわりがある。土地付き建物の，土地と建物それぞれの価額を決定しなければならないときに，購入者が土地よりも建物の価額を大きくしようとしたり，給与か外注費かを分類する際に，これを支払う納税者が給与ではなく外注費にしたがったり，マンション販売業者が仕入れたマンションを棚卸資産で処理して課税資産の譲渡等のみに要する仕入として分類しようとしたりするのも，仕入税額控除という税の恩典を入手したいからに他ならない。

　さて，作家の渡辺淳一さんのエッセイに，『鈍感力』がある[2]。この本は，渡辺氏の体験をもとに，鈍感であることを推奨する本である。渡辺氏は，このまま続けていればおそらく優秀な医者として活躍したであろう人や，有望な作家として活躍したであろう人が，才能はあるのに消えていった例をあげ，批判されたり怒られたりしても，くよくよせずに仕事を継続する重要性をこの本において説いている。

　渡辺氏は，ある作家の例をあげ，その作家は才能があるのに残念ながら消えていったと述べている。無名の作家の場合は，たとえ才能があっても，一足飛びに認められて有名になることはまずない。渡辺氏によると，最初は「だめだ」とか「ここを直してくれ」とか言われて，少しずつ編集者に採用されていくものであるという。渡辺氏は，編集者から連絡があると，「今度はかなりいいと思います」などと多少ホラを言い，元気があるところを見せるべきであると説き，『鈍感力』で次のように述べている[3]。

「……。もし，あの頃の彼に鈍感力があったら，どれほどすぐれた作家になっていたか，しれません。いや彼だけではありません。その後，一度は登場し消えていった作家の中にも，したたかさや鈍さに欠けた人もいたはずです。そしてこれは文学の世界だけではなく，芸能界やスポーツの世界で，そしていろいろな会社や企業で働くサラリーマンでも同じです。それぞれの世界で，それなりの成功を収めた人々は，才能はもちろん，その底に，必ずいい意味での鈍感力を秘めているものです。鈍感，それはまさしく才能であり，それを大きくしていく力でもあるのです。」

しかしながら，人から批判され，なじられて，がっくりして，不安になるなというほうが無理ではないか。『少年探偵団』，『怪人二十面相』などの推理小説を書いた江戸川乱歩も，作品を出すたびにその作品の批判に一喜一憂したという。あの大作家でさえ，批判されると，しばらく筆を休んでいたというから驚きである。

筆者も博士後期課程１年，俗にいうＤ１の時に，当時早稲田大学教授の故広瀬義州教授に呼ばれ，「小池くん，ドクター１年で論文を書くなんてまだまだ早いよ。」と言われ，愕然としたことを覚えている。当時早稲田大学商学研究科の大学院生の論集には２種類あった。一つは，出せば掲載されるものであり，そしてもう一つは，出しても審査の先生の許可が下りないと論文を掲載してもらえないものがあった。筆者は，審査の先生の許可が必要な論集に応募したのだが，広瀬先生によりあっさりと落とされたのである。

広瀬先生は厳しかったが，そればかりではなく，筆者にチャンスを与えてくれた先生でもあった。筆者は，広瀬先生に，その後10年以上たってから，日本会計研究学会でチャンスをもらい，雑誌『税経通信』に「資本的支出と修繕費の判例解釈」という論文を掲載するチャンスをいただいている。広瀬先生がトイレに行っている間のカバン持ちをしたら，このチャンスをいただいた。「カバン持ちもやってみるものだな。」というのが，筆者の正直な感想である。税経通信は，伝統ある会計・税務の雑誌である。やがてこの伝統ある全国区の雑誌に，

筆者は論文を継続して掲載していただけるようになった。筆者は，チャンスをつかんだのである。

　大学の紀要と異なり全国版の雑誌に掲載されるようになると，筆者は，これまでとは異なり自分の作品（論文）にこだわりが出てきた。論文としてのオリジナルがあるか自問自答し，誤字脱字も気になり，書き出しや言葉の言い回しにもこだわりがでてきた。「神は細部に宿る」という言葉がある。この言葉は，細部にこだわらないと，全体もよくならないという意味のことらしい。筆者は，最初に京都産業大学に就職したとき，研究者としてはあまりにも未熟で，論文らしいものは全く書けていなかった。そこで，論文というよりも，ゼミの学生のディスカッションで使える資料のようなものを論文としていくつか書いた。しかし，税経通信への掲載をきっかけとして，学生用のディスカッションの資料ではなく，誰もが手に取って読む可能性のある雑誌に掲載されるようになり，筆者は論文のディテイルにこだわり始めたのである。

　広瀬先生のおかげで，税経通信編集長の鈴木利美氏と出会うことができ，『解説 所得税法』（税務経理協会・2001年）・『解説 法人税法』（税務経理協会・2002年）の連続出版につながり，筆者のライフワークである『給与所得者の必要経費』（税務経理協会・2005年）も出版することができた。

　八田進二名誉教授（青山学院大学）は，筆者が大学院生の時に税効果会計に関する研究報告を早稲田大学商学研究科の学生研究発表会で行った際にも，広瀬先生とは異なり，「小池くん，いいよ。どんどん書けよ。」と激励してくれた。筆者の研究報告は，アメリカの税効果会計の単なる紹介だったが，八田先生に褒めてもらえて，実は少し嬉しかった。その後も，八田先生には学会等で声をかけていただいており，筆者は本当にありがたく思っている。

　また，最近，片山覚名誉教授（早稲田大学）等と『新入門商業簿記』（創成社・2019年）・『新中級商業簿記』（創成社・2019年）も出版することができたが，片山先生にも非常にお世話になっている。

　故塩原一郎名誉教授（早稲田大学）の読書会も有難かった。町田祥弘教授（青山学院大学）とともに，毎週，哲学書を読み，至福の時を過ごした。この読書

会は，現在の筆者の研究の糧となっている。

　現在の所属，東北学院大学の高橋志朗教授をはじめ，東北学院大学経営学部の先生方，そして東北学院大学の事務職員の方々には，大変お世話になっている。東北学院大学の会計人会，いわゆるTG会の先生方にも，いろいろとお世話になっており，筆者は，本当に感謝している。東北学院大学の大学院生（現役だけではなく卒業生も含めて）にも，ここで感謝の意を表しておきたい。彼らの論文指導は，現在の筆者にとって，欠かせないものとなっている。

　早稲田大学大学院商学研究科M１の時に，同期の故岩淵吉秀氏（神戸大学）に声をかけていただき，研究者の道を歩むことができた。ドクター試験の勉強を終えると，早稲田大学付近の食堂（キッチンオトボケ等）で夕食をいただき，受験勉強の疲れをいやす日々を過ごしていた。岩淵氏には，本当に感謝してもしきれない。岩淵氏がいなかったら，現在の筆者はここにはいない。

　大学院在籍時代にご指導いただいた，故染谷恭次郎名誉教授（早稲田大学）には，「小池君，京都でうずもれるなよ」と言われ，叱咤激励されたことは，今でも筆者の脳裏に焼きついている。先生の奥様の染谷千枝子氏が書かれたエッセイ「伴走を終えて」の中で，染谷先生がよく口にしていた言葉として，「自分自身，たゆまぬ研鑽を重ね，業績を積んで行かなければ教育者として恥ずかしく，指導を受ける人達に申し訳なく失礼だよ」が挙げられているが[4]，筆者自身，ふと思いついたとき，この部分を読んでは，自分の教え子たちに恥じることのない研究業績を着実に積んでいるかどうか反省することがある。

　最後に，今回も税務経理協会の方々にはお世話になり，とりわけ鈴木利美氏には，本書の校正から出版まで，本当にお世話になった。心よりお礼を申し上げたい。

2020年1月23日

東北学院大学6号館5階研究室にて

小 池 和 彰

6

【注】

（1）　Henry C. Simons, Personal Income Taxation, 50（1938）The University of Chicago press Chicago, Illinois.

（2）　渡辺淳一『鈍感力』（集英社・2011年）

（3）　同上，24－25頁。

（4）　染谷千枝子「伴走を終えて」『染谷恭次郎博士追悼論文集　現代会計研究』（白桃書房・2002年）444頁。

目　次

第7章　消費税の非課税が引き起こす問題

第8章　土地付き建物の取得価額

第9章　給与と外注費を区分する判断基準

第10章　マンション販売業者の仕入税額控除に関する問題

終　章

序　章

第1節　はじめに

　わが国では，戦後の経済復興のため，租税特別措置が拡大した時期がある。わが国において租税特別措置が拡大したのは，シャウプ勧告に基づく新税制が実施された翌年の昭和26年度からである。昭和26年度の税制改正における租税政策の基調は，国民負担の調整・軽減及び資本蓄積の促進を図るための大幅な減税であって，その減税を可能にしたのは，朝鮮動乱ブームによる多額の自然増収が見込まれたことであった[1]。この昭和26年度の税制改正で，個人所得税の減税が実施され，大企業向けの特別減税が実施されている[2]。たとえば，個人所得税の減税に関しては，この年に生命保険料控除が復活している（限度2,000円）。また，大企業向けの特別減税に関しては，重要機械3年間5割増特別償却制度，合理化機械初年度2分の1特別償却制度，試験研究用機械設備3年間均等償却，価格変動準備金，退職給与引当金などが創設されている。

　その後も租税特別措置は拡大するが，昭和30年代に入ると，租税特別措置に関して見直すムードが高まってくる[3]。租税特別措置は，昭和20年代に急激に拡大し，わが国の戦後経済の復興を実現するために大きな役割を演じたが，昭和30年代に入ると，その役割はある程度終了を迎え，むしろ租税特別措置を整理合理化していこうとする動きが活発化してくるのである。

　昭和31年の臨時税制調査会答申は，これまで拡充してきた特別措置を再検討し，整理するという方針を打ち出している[4]。この答申をみると，租税特別措

置は，経済政策等を遂行するための比較的有効な手段であり⁽⁵⁾，わが国の税制にもある程度これらの措置が取り入れられるのはやむを得ないとしながらも，現在あまりに多くの特別措置があり，各種の弊害が現われており，課税の公平と税制の簡素化を考慮して，全面的な再検討が必要であるとしている⁽⁶⁾。

　さて，日本の財政は危機的状況にある。歳入以上に歳出が多く，不足分は国債の発行で賄われている。この財政危機から抜け出すため，現在は，所得税に関する租税特別措置に関係した歳出削減が行われている。しかも，法人ではなく，所得に偏って，目立たない形で行われてきているという特徴がある。

　法人税のほうは，明らかに増税よりも減税に傾斜してきている。法人の交際費課税に関しては，平成26年度の改正で期末資本金額が1億円以下の法人に関しては，年間800万円まで損金算入が認められるようになり，また飲食費（福利厚生費と1人当たり5,000円までの飲食は除く）に関しては，資本金額の多寡にかかわらず，飲食費の50％まで損金算入が認められるようになった（ただし，資本金100億円超の法人は，2019年度末で廃止）。また，グローバル化による企業の海外移転を回避するために，法人税の税率も引き下げられている（令和元年10月1日から中小法人のみ，税率がアップしているので注意されたい）。1984年（平成6年）には，法人税の基本税率は43.3％であった。1987年（平成9年）には42.0％に引き下げられ，1989年（平成11年）には40.0％となり，1990年（平成12年）には37.5％となった。1998年（平成20年）には34.5％になり，1999年（平成21年）には30.0％，2012年（平成24年）には25.5％，2018年（平成30年）には23.2％になっている。

　消費税収の86％が法人税減税に消えているという，次のような大谷英暉氏の指摘もある⁽⁷⁾。

　　「千九百八十九年度から二〇一五年度にかけて日本人が払った消費税は計三〇四・八兆円なのに対し，法人税は国と地方合わせて，税収が二十九・八兆円であった千九百八十九年度と比較すると計二六二・二兆円も減収しており，これは消費税収の八十六％が法人税減税の穴埋めに消えた計算になる。」

2

法人税率の推移

開始事業年度	～平成28年3月31日		平成28年4月1日～ 平成30年3月31日		～令和元年9月30日		令和元年10月1日～	
所得区分	年800万円		年800万円		年800万円		年800万円	
	超	以下	超	以下	超	以下	超	以下
普通法人 （中小法人等以外）	23.9%	―	23.4%	―	23.2%		23.2%	
中小法人 （一般社団法人等）	23.9%	15.0%	23.4%	15.0%	23.2%	15.0%	23.2%	19.0%
公益法人等 （一般社団法人等除く）	23.9%							

　所得税に関しては，本当に目立たない形で増税が行われている。たとえば，給与所得控除の上限額が，平成25年以降段階的に引き下げられている（下図参照）。歴史的経緯を見ると，給与所得控除というものは，給与所得者に対する課税上の恩典としての機能を果たしてきた。給与所得控除は，当初はわが国の給与所得者の生活を支えるものとして用いられ，次に給与所得者の不平不満を解消する手段の一つとして利用され，そしてやがて給与所得者を優遇して政治家の選挙を有利に導く手段として用いられてきた[(8)]。

　しかしながら，給与所得控除は，そのかつての役割を終え，今や増税の手段の一つに転化している。

給与所得控除の上限額の推移

	給与等の収入金額	給与等の上限額
平成25年～27年分	1,500万円超	245万円
平成28年分	1,200万円超	230万円
平成29年分～令和元年分	1,000万円超	220万円
令和2年分～	850万円超	195万円

　令和に入り，その目立たない増税路線は加速している。基礎控除に関しては380,000円から480,000円に増額されたものの，復興増税は相変わらずであり，配

3

偶者控除や公的年金等控除も減額されている。

　この所得税に関する改正は，広い意味での租税特別措置の見直しといえるかもしれない。租税特別措置法ではなく，所得税法・法人税法の一般法で定めているものにも，租税特別措置に該当するものがある⁽⁹⁾。その多くは，租税優遇措置というべきかもしれないが，これらを削るのは目立たない形で行えるので比較的容易であり，それゆえ，わが国では，これらの目立たない租税特別措置にメスが入っている。

　さて，ヨーロッパでは，保守というと社会的な不平等と権威を擁護する立場を指すが，アメリカでは，個人主義的で自由放任主義を指す⁽¹⁰⁾。税に特化していうと，アメリカにおける保守とは，小さな政府を意味し，減税を志向するものである。

　これに対して，リベラルは，個人の個性や社会を重視する。税に特化していうと，大きな政府を意味し，増税を志向するものである。トランプ大統領が共和党保守で，オバマ前大統領が民主党リベラルである。オバマ大統領のようなリベラルの場合は，貧しい国民に社会保障などの手厚いサービスを提供しようとするので，増税が必要になる。

　日本はというと，保守である自由民主党が増税で，逆にリベラルである野党が減税という，奇妙な図式がある。2019年7月に第25回参議院議員選挙が行われたが，保守が消費税増税を掲げ，逆に野党は消費税廃止を掲げて，選挙戦を戦った。リベラルである日本の野党が行おうとしている社会保障などの政策を行うのには，消費税増税は不可欠ではないかと思うのだが，なぜか，日本の野党は，増税しないで社会保障などの政策を実現できると考えているようである。

　現実には，社会保障費の増大により，わが国の財政は厳しい状況にある。人生100年時代といわれ高齢化が進む中，社会保障費を確保するための安定財源として期待されているのは，やはり消費税である。所得税や法人税は，景気の動向に左右され，その税収は不安定である。消費税の場合は，景気の動向に関係なく，安定的な税収が確保できる。

　しかしながら，消費税には，構造的な問題もある。原則として国内における

4

すべての財貨・サービスの販売・提供等に対して消費税は課税され，各取引段階において販売等を行った事業者が納税義務者となる。事業者は，消費税分を本体価格に上乗せすることにより次の段階の事業者に転嫁し，これを繰り返すことにより，消費者が最終的には消費税を負担することが予定されている。しかし，この消費税の価格転嫁が適切に行われていない。

　まず，免税事業者制度をあげることができる。基準期間における課税売上が1,000万円未満の免税事業者は，売上に関する消費税を納付する必要はないが，消費税を付加して販売して，免税事業者の手元に益税が残る場合がある。

　また，簡易課税制度もある。基準期間における課税売上高が5,000万円以下の事業者は，選択すれば課税売上に係る消費税額に一定割合（みなし仕入れ率）を乗じて計算した金額を仕入に係る消費税額とみなすことができる。みなし仕入率が実際の仕入率より高い場合には，事業者に益税が発生する。

　さらには，インボイス方式ではなく，請求書等保存方式を採用していることによる問題もある。請求書等保存方式によれば，免税事業者からの仕入であっても，仕入税額控除が認められるため，消費税の適正な転嫁ができない。

第2節　本書の課題

第1項　所得から控除される資格を有する
　　　三つの所得控除とその課題

　財政赤字を削減する方法としては，二つある。一つは，景気を回復させ歳入を増加させる方法であり，もう一つは，歳出を削減する方法である。

　ケネディー（Kennedy），ジョンソン（Johnson）両大統領の下で，8年間に渡り租税政策担当の財務次官として租税政策の立案に寄与したサリー（Surrey）は，後者の歳出を削減する方法を提唱したことで知られている。政府には，直接的な支出だけではなく，間接的な支出もある。つまり，政府は，非課税，免

除，所得からの控除，特別控除といった形で，税の恩典を与えることがある。サリーは，これらの間接支出に租税支出という名称を付しその存在を表面化させ，直接支出と同様にその実体と過程を検討し直すことの必要性を説いた。

さて，間接的な支出といってもさまざまあるが，本書で主として取り扱うのは，所得控除である。わが国において，現在，所得控除は，雑損控除，医療費控除，社会保険料控除，小規模企業共済等掛金控除，生命保険料控除，地震保険料控除，寄附金控除，障害者控除，寡婦（夫）控除，勤労学生控除，配偶者控除，配偶者特別控除，扶養控除，そして基礎控除がある。

これらの所得控除は，納税者の最低生活費に対する課税の排除や，個別的事情に応じた課税を実現するためや，政策的な配慮から設けられていると考えられている[11]。

寄附金，医療費，そして災害損失も，同様に捉えられており，ヘイグ・サイモンズ（Haig-Simons）の所得概念によれば，寄附金，医療費，そして災害損失は，所得から控除できないと考えられている。ヘイグ・サイモンズの所得概念は，包括的所得概念ともよばれる。そしてその包括的所得概念とは，一定期間における所得（累積）プラス消費であるとされ[12]，この所得概念では，これら三つの支出も，所得を稼得するための費用ではない，個人的な支出であり，消費であって，所得から控除される資格を持たないとされている[13]。

しかしながら，寄附金控除，医療費控除，雑損控除は，他の所得控除と異なり，所得から控除される資格を有するのではないかという見解が存在する。サリーは，これら三つの所得控除は必要経費としての資格を有さないとし，削減対象として見ているが[14]，所得から控除される資格を有しているのであれば，これら三つの所得控除は削減対象から除かれるはずである。

そこで，本書では，この三つの所得控除を取り上げ，この三つの所得控除が，所得概念の精緻化の観点からすると，所得から控除される資格を有するという根拠を検討する。

この三つの所得控除が，所得から控除される資格を有するならば，財政が厳しくても削減される理由はない。

　しかしながら，これら三つの所得控除が，たとえ所得から控除される資格を有するとしても，これら三つの所得控除には，それぞれ固有の課題が存在する。そこで，この三つの所得概念固有の課題を次に議論していく。

　寄附金控除には，インセンティブを提供する手段としての寄附金控除と所得概念の精緻化としての寄附金控除がある。また，寄附金控除には，税額控除方式と所得控除方式の二つがあるが，インセンティブを提供する手段としての寄附金控除ならば税額控除方式であり，所得概念の精緻化としての寄附金控除であれば所得控除方式であることを指摘したい。

　次に，医療費控除には，担税力を根拠とするのではなく，納税者を健康な状態に戻すために支出されるものという見解がある。この見解に基づくと，医療費控除の範囲が異なってくるのではないかということを指摘したい。

　さらには，東日本大震災で明らかになった雑損控除の課題を検討する。雑損控除に関して，たとえば足切額と所得控除の順番の問題など，東日本大震災で明らかになったことを指摘したい。

第2項　財源確保の手段としての消費税とその課題

　財務省が2018年7月4日に発表した一般会計決算によると，消費税は，所得税に次いで国の財政を支える税収となっている。人生100年といわれる現在，社会保障費がどうしても必要で，2019年10月に消費税が10％に引き上げられた。消費税率が10％になると，税収に関して，おそらく消費税が所得税を抜いて，法人税，所得税，消費税の基幹3税でトップに躍り出ることになるであろう。

　トーマス・クーンの『科学革命の構造』という本がある[15]。この本から発生した言葉にパラダイムがある。そして，規範とか価値観とかが変化することをパラダイム・シフトという。

　ヨーロッパでは，付加価値税に関して，このパラダイム・シフトが2回起きているといえるかもしれない。一つ目のパラダイム・シフトは，1967年に起きている。この年に，これまでの取引高税に代えて付加価値税を採用するようEU指令が出されている[16]。二つ目のパラダイム・シフトは，1993年に起きている。

ヨーロッパでは，この年に15％の最低税率を設定することに合意している[17]。

　日本では，1949年に，シャウプ勧告で地方税に関して付加価値税を導入することが提案されたが[18]，２年間ほど延期になり，その時は結局採用されていない。もっとも，この付加価値税は，担税者は事業者であり，直接税で，現在のわが国で実施されている消費税やヨーロッパ型の付加価値税とは異なるものである。しかし，そこに共通点が見出せないわけではない。消費税というのは，わが国では先送りになることが多いという点に共通点を見出すことができるのではないか。竹下内閣の時に，ようやくわが国では消費税が導入され，その後，消費税増税は苦難の道を辿っている。1997年４月に３％から５％に，2014年４月に５％から８％に消費税率はアップしてきたが，国民の反対は強かった[19]。自民，公明，民主，３党の合意で，2015年10月に，消費税の税率を10％に引き上げる予定だったが[20]，令和（2019年）に入りようやく実現している。わが国は，いわば消費税先送りパラダイムから，抜け切れていないところがある。

　しかしながら，令和元年10月に消費税増税が実現した。これまでの８％から10％に税率がアップされた。厳しい財政状況のわが国にあっては，消費税アップは望ましい展開である。

　もっとも，食料品の軽減税率と抱き合わせによる実施である。軽減税率は，消費税の逆進性を緩和する措置として導入されたのであるが，税制にゆがみを生ぜしめるもので，望ましいものではない。

　軽減税率だけではなく，消費税には従来から構造的な問題が存在している。それは，前述した，免税事業者制度，簡易課税制度，インボイス制度を採用していないことだけではない。本書の後半に大きく取り上げている非課税取引に関する問題もある。非課税取引の問題は，一般にはあまり知られていないが，深刻な問題が実はある。消費税は，最終消費者が負担者になり，事業者はその橋渡しをする存在に過ぎない。事業者は消費税分を本体価格に上乗せすることにより次の段階の事業者に転嫁し，これを繰り返すことにより，最終消費者が消費税を負担することが予定されている。消費税は，原則として国内におけるすべての財貨・サービスの販売・提供等に対して課税され，各取引段階において

販売等を行った事業者が納税義務者となる。事業者は，売り上げた際に消費税を受け取り，仕入れた際に消費税を支払っている。事業者が納付するのは，その差額の消費税である。

　しかしながら，非課税という取引が存在するがゆえに，税制にゆがみを生ぜしめているところがある。本来，事業者は単なる橋渡しであるはずであるが，非課税取引があるために消費税の転嫁がうまくいかず，消費税を事業者が負担したり，あるいは事業者が価格に転嫁して，結局は消費者が負担したりする場合が生じてしまう。

　後半は，まずこの非課税取引が引き起こす問題として，土地付き建物の取得価額を取り上げる。土地付き建物に関して，土地と建物のそれぞれの評価額がない場合は，仕入税額控除を受けることのできる建物の価額を高めにして，仕入税額控除ができない土地の評価を低くするという選択が行われる場合がある。これは，税の中立性を損なう点で問題である。

　続いて，給与と外注費の区分をめぐる問題を取り上げる。これは，非課税取引ではなく，消費税の不課税取引と関係のある問題である。外注費として認定されれば，所得税の源泉徴収を行う必要がないし，また，社会保険や労働保険の加入義務がないため，これらを負担することがなくなる。また，給与ということになれば不課税取引となり，消費税における仕入税額控除を受けることができなくなるが，外注費であればそれを受けることができるという大きなメリットもある。そのため，報酬を支払う納税者としては，外注費として処理したい誘因がある。税の中立性が保たれていないわけで，これも消費税に関する構造的な問題である。

　最後に，マンション販売業者の仕入税額控除に関する問題を取り上げる。消費税の仕入税額控除には，個別対応方式と一括比例配分方式の２種類がある。マンション販売業者の場合は，マンションを仕入れてそれを販売するのであれば，個別対応方式により全額仕入税額控除できるが，非課税売上げが生じる場合があり，この場合には，個別対応方式によると課税売上げと非課税売上げに共通する課税仕入れ等に係る仕入に課税売上割合を乗じて仕入税額控除額を計

算することになる。すると，マンション販売業者というのは，土地という非課税売上げが大きいので課税売上割合が小さくなり，認められる仕入税額控除額が相当小さくなってしまう恐れが生じる。

　このマンション販売業者が取得したマンションに係る消費税の問題も，非課税という制度が生み出したものであるといえる。マンションを購入した時点で，マンション販売業者は消費税を負担していることは事実であるのに，非課税制度があるがゆえに仕入れた際の消費税を全額控除することができないという問題を生ぜしめているのである。

【注】

（1）　佐藤進・宮島洋『戦後税制史』（税務経理協会・1979年）30頁。
（2）　同上，32-33頁。
（3）　大蔵省財政史室編『昭和財政史』（東洋経済新報社・1990年）189頁。
（4）　臨時税制調査会編『臨時税制調査会答申』1956年12月，7頁。
（5）　昭和31年臨時税制調査会答申は，(1)歳入を十分に，かつ能率的にあげること，そして，(2)国民経済の正常な発展を阻害しないこと，しかも(3)その負担が公平に国民の間に分担されることという3点の要請に合致するように，税制は組み立てられているとしているが，しかしこれらの要請に加えて，経済政策的要請から，種々の租税特別措置がとられているとしている。臨時税制調査会編・前掲注（4）70頁。
（6）　同上，同頁。
（7）　大谷英暉氏の『消費税の歴史と問題点を読み解く』（幻冬舎ルネッサンス新書・2017年）89-90頁。
（8）　冨田尚敬「給与所得控除の再検討」国学院大学経済学研究第35号79-87頁，2003年。
（9）　本書では，租税特別措置法で定めている項目以外のものも，租税特別措置に含めている。これは，所得税法・法人税法の一般法で定めているものにも，租税特別措置（この場合，租税優遇措置というべきかもしれない）に該当するものがあるからである。金子宏『租税法（第12版）』（弘文堂・2007年）78頁も参照されたい。
（10）　佐々木毅『アメリカの保守とリベラル』（講談社学術文庫・1993年）10頁。
（11）　注解所得税法研究会編『注解所得税法』（財団法人大蔵財務協会・2001年）855頁。
（12）　Henry C. Simons, Personal Income Taxation, 50（1938）The University of Chicago press Chicago, Illinois.
（13）　*Id.* at 139, 140.
（14）　Stanley S. Surrey & Paul R. McDaniel, Tax Expenditures, 205, 206（1985）Harvard University Press Cambridge Massachusetts.

(15)　Thomas S. Kuhn, The STRUCTURE OF SCIENTIFIC REVOLUTIONS (University of Chicago Press, Chicago, 1962)：中山茂訳『科学革命の構造』（みすず書房・1971年）。

(16)　Stephen G. Utz, Ⅲ. Taxation Panel：Tax Harmonization and Coordination in Europe and America 9 Conn. J. Int'l L 767, 791 （Summer, 1994）.

(17)　*Id.*

(18)　Shoup Mission, Report on Japanese taxation,Vol.1 197 – 204, General Headquarters Supreme Commander for the Allied Powers, 1949.：シャウプ使節団『日本税制報告書』第 1 篇第13章197 – 204頁（1949年）。

(19)　石弘光『増税時代』（ちくま新書・2012年）197 – 207頁。

(20)　「谷垣氏，消費税10％「ここまできた」12年に 3 党合意」『日本経済新聞』2019年10月 2 日朝刊。

第 1 章

財政支出削減の手段としてのサリーの租税論

第1節 はじめに

　近年，財政赤字を削減する方法が模索されている。財政赤字を削減する方法としては二つあって，まず一つは，景気を回復させ歳入を増加させる方法である。もう一つは，歳出を減少させる方法である。前者は複雑かつ不確実な方法であり，後者は単純とはいえないが，確実な方法である。

　さて，歳出を削減するとしても，政府の直接的な支出を減少させるだけでは限界がある。われわれは，どうしても直接的な支出ばかりに注目しがちであるが，間接的な支出を減少させることによっても歳出は減少させることができる。特定の産業，事業活動，または金融取引を支援するためや，あるいは慈善団体への寄附金のような社会的に有益であると考えられている非営利活動を奨励するため，政府は，非課税，免除，所得からの控除，特別控除といった形で税の恩典を与えることがある。これらの恩典というのは，直接的な支出がなされているわけではないが，これらの恩典の提供により税収が減るのは間違いないわけで，これらの恩典の提供も間違いなく政府支出の一つであり，いわば間接支出である。この間接的な支出に目を向け，そしてこの間接支出に対して租税支出（tax expenditure）という名称をつけたのが，サリー（Surrey）である。

　サリーは，ケネディー（Kennedy），ジョンソン（Johnson）両大統領の下で，8年間に渡り租税政策担当の財務次官として，租税政策の立案に寄与した人物で，わが国では，シャウプ（Shoup）使節団の一員であったことでも有名であ

る⁽¹⁾。

サリーは，1967年に租税支出概念を打ち出し，完全会計（full accounting）を主張する演説を行っている⁽²⁾。完全会計は，直接支出と，それまでは予算審議にかからなかった隠れた支出（hidden spending）である間接支出を含めた会計を意味する。間接支出は，実質的には政府支出であるとはいえ，表面にはあまり出てこず，かつては批判的な分析はなされなかった。サリーは，これらの間接支出に租税支出という名称を付し，その存在を表面化させ，直接支出と同様にその実体と過程を検討し直すことの必要性を説いたのである⁽³⁾。

サリーは，次のように述べている⁽⁴⁾。

> 「……，租税誘因措置は政府資金の支出を伴うことを認識しなければならない。しばしば，人々は「補助金」を好まないから，あるいは，それに反応を示さないから直接支出よりも租税誘因措置の方がより有用であると言われる。そのような説明は，直接支出は「補助金」であり，これに対して租税特別措置によって得られる租税上の利益－それだけ軽い税金－は，そのようにみなされないということを常に想定している。おそらく我々は，このような財政上の幻想が有用性を持つことは認めうるであろうが，しかし我々は，少なくとも，何が現実でありま・・・・・・・・た何が幻想であるかを認識しているべきである。」（傍点は筆者）

租税特別措置を見直し，財政支出を削減する必要性があるわが国において，サリーの租税支出概念は，非常に参考になる理論である。本章の冒頭で指摘したように，財政赤字は，わが国において非常に大きな問題となってきており，解決すべき問題とされている。その解決策の一つとして挙げられているのが，租税特別措置の見直しである。そして，サリーが租税支出と称したものは，わが国における租税特別措置に相当し，サリーの租税支出概念は，その租税特別措置を見直し，財政支出削減に役立つ理論である。

しかしながら，わが国では，この財政支出の削減にとって有効であると考えられる租税支出概念に関して，これまであまり関心が持たれてこなかったというのが実情ではなかろうか。わが国においては，従来から，租税支出に関して，

研究者レベルでの検討は行われているものの[5]，一般的にはまだあまり知られ
ていない。また，わが国では，多くの先進国で公表されている租税支出に関す
る政府による正式な報告は，依然として存在しない状況にある[6]。

　そこで，本章では，財政支出削減の手段としてのサリーの租税支出概念に着
目して，租税支出という概念の有用性について考えてみることにする。

第2節　財政支出削減のために生まれた
　　　　サリーの租税論

　サリーの租税支出という概念は，当時のアメリカの時代的背景から必然的に
生まれたといっても過言ではない[7]。すなわち，それは1960年代のアメリカの
深刻な財政赤字である[8]。当時のアメリカは，ベトナム戦争により財政が逼迫
していた。サリーは，当時の状況について，次のように記述している[9]。

　　　「1967年9月，当時のジョンソン大統領は，法人税と所得税に対して，

　　　10％の付加税を課すことを勧告した。大統領の偉大な社会計画（Great

　　　Society program）と増大するベトナム戦争に関する支出が，インフレ

　　　ーションを生み出す恐れのある増大する財政赤字を創出した。勧告の

　　　付加税は，その財政赤字をコントロールするためのものであった。」

　当時のアメリカにおいて政府が提供していた税のインセンティブ（incentive）
には，さまざまなものがあったが[10]，予算には政府の直接的で伝統的な支出の
みが計上され，間接的な支出に関しては特別の考慮はなされていなかった。財
政赤字が増加し財政支出を削減しなければならなかった当時のアメリカの状況
において，間接的な税制上の優遇措置が，実は直接的な補助金と実質的に同様
の意味を持つというサリーの指摘は，財政赤字を削減するのにきわめて適合す
る考え方であった[11]。

　前述した1967年のサリーの演説によって，租税支出の議論が起こり，そして
1969年の税制改革法を契機にして，租税支出について下院の歳入委員会は，次
に示すような特別な検討を加えるようになる[12]。直接的な補助金のプログラム

に相当する特別な税規定のリストというのは，どのようなものなのか。どのような部門やグループが便益を受けているのか。間接的な支出は金額的にいくらで，直接的な支出と比較するとどうか。政府が特定のグループに財務的な援助を提供することにした場合に，税制を利用して援助を提供すべきなのか，それとも直接的な援助を提供すべきなのかなどが，検討されるようになったのである。

やがて，サリーの租税支出概念は，アメリカの予算制度の中に導入されるようになる[13]。すなわち，租税支出概念は，1974年の議会予算・留保規制法（Congressional Budget and Impoundment Act of 1974）よって，明文化されるようになったのである。

第3節　間接的な支出に着目することにより
　　　　財政支出を削減するサリーの租税論

サリーは，所得税を二つの要素に分けている[14]。第一の要素は，サリーが"通常の税構造（normal tax structure）"と称するものを実行する"構造的規定（structural provisions）"からなる[15]。これらの規定は，税率，非課税や課税単位を含んでいる[16]。第二の要素は，"特別規定（special preferences）"からなる[17]。特定の産業，特定の活動，あるいは特定の階層を優遇するようにデザインされた"通常の税構造から逸脱したもの（departures from the normal tax structure）"である[18]。特別規定は，医療費控除，寄附金控除，雑損控除，従業員に支払われた医療保険料の除外を含んでいる[19]。

これらの特別規定は，わが国における租税特別措置に該当し，サリーは，いわば租税特別措置に注目し，これに租税支出という名称を割り当て，直接支出との同質性を強調しているといってよい。政府の支出には，補助金や債務保証等の直接支出ばかりでなく，租税誘因措置を通じた間接的な支出である租税支出がある。直接支出と租税支出は，異なるもののように見えて，実際はよく似ている。われわれは直接的な支出ばかりに眼を奪われがちであり，間接的な支

出があることを忘れている。しかし，間接的な支出も直接的な支出と同様に実質的には同じ政府支出である[20]。すなわち，租税誘因措置が行われなかったならば歳入となるはずであったが，実際にはその租税誘因措置を行ったことにより歳入とならなかったのであるから，実質的にはその租税誘因措置に使用された金額も，政府支出と呼ぶことができるものなのである。直接支出は政府の細かいチェックを受けるが，租税支出のような間接支出は，政府の細かいチェックを受けない[21]。政府の直接支出のみが税の軽減措置ではない。しかし，人々は，政府の直接支出のみに注目する傾向がある。近年採用されていたわが国の「子供手当」もそれに該当する。「子供手当」は，支出の際に人々の監視という厳しいチェックが入った。一方で，所得控除の場合であればどうだろう。所得控除は直接的な政府支出ではないが，実質的には政府支出で間接支出である。しかし，所得控除が認められていることに関しては，人々のチェックは厳しくない。

　また，間接支出も直接支出と同様に政府が一定の経済的効果を期待して支出するものである。間接支出である租税特別措置も直接支出と同様に一定の活動や行為を誘因し，結果的に国家に利益をもたらすことが期待されている。たとえば，設備投資に関する税額控除は機械等の設備の購入を奨励するためのものであるし，また金融機関に対する貸倒引当金は金融業の発展につながることになるし，寄附控除は博愛の精神を促進させるものであるし，給与所得に比して退職所得が有利な取扱いを受けているのは老後の生活保障の制度を拡大させることに役立っている[22]。

　サリーは，租税誘因措置としての間接支出を評価し，直接支出と比較して，その効果を検討すべきであるとし，また一般的にいえば，間接支出の方法は利点がないとする。サリーは，次のように述べている[23]。

　　　「それでは，直接支出と租税支出との政府の二つの補助の方法に関する貸借対照表はどのようなものか。これまで検討してきたことから，一般的には，立証責任は租税誘因措置の方法を使用することを主張するものの側に重くかかるべきであると結論できる。いかなる特殊な情況

の下においても－確実に，いかなる新しい情況の下においても－まず，種々直接支出の選択可能性の検討がなされるべきである。その選択可能性のあるもののうち最も好ましいものが決定されたとき，同じ実体を持つ計画のために租税誘因措置の方法を考えることがなお望まれる場合には，その租税手段を使用することによってどのような明確な利益が得られるかが問われなければならない。また一般的に言えば，租税誘因措置の方法には明確な利点は見つけ出せそうにないと思う。」

間接支出が直接支出と同様に厳しい評価を受けることになると，間接支出は削られることになる。サリーが指摘しているように[24]，直接支出の場合には簡単には受け入れられないものの，間接支出ならば受け入れられるところがある。しかし，直接支出に対するチェックと同様に，間接支出である租税支出に対して厳しいチェックが行われれば，租税支出の採用は限られることになろう。

そうなれば，租税支出は削減されることになる。租税支出が削減されれば，財政支出が抑制されることになり，財政問題が解決する。

このようにして，サリーの租税支出概念を用いることにより，これまで無視されてきた租税特別措置による間接支出という隠れた補助金にメスを入れ，その存在を表面化させることによって，財政赤字を削減することが可能になるのである。

第4節 所得の再分配を実現するサリーの租税論

サリーは，租税誘因措置である租税支出というのは，低額所得者よりも高額所得者により多くの便益を提供するため，不公平であると主張している[25]。租税支出は，低所得者に対してよりも，高所得者に便益を提供するところがある。累進税制度の下では，裕福な層がより高い限界税率になるので，裕福な層のほうが貧しい層よりも租税支出の恩恵を受ける[26]。加えて，極端に所得が少ないような，たとえば極端に低い所得しか有さない層では，租税支出の便益は全く

受けない。確かに，税額控除や所得控除，あるいは非課税といった租税誘因措置は，特定の人に便益を与えるものであり，またこれらの租税誘因措置は，所得が少ない場合には，便益が少なかったり提供されなかったりして，不公平である[27]。

　しかし，租税支出ではなく所得税の構造的規定に従い控除できる経費であれば，納税者の税率に等しい恩恵を与え，しかもその恩恵を受けるものは納税者に限られるのは当然であるとサリーは指摘する[28]。所得税は，純所得に対して課税する制度である。その所得税を制度として持つことを決めた以上，収入から差し引かれる経費が，納税者の税率に従った便益をその納税者に与えるのは当然のことである。もちろん，納税者が課税されない程度の低い所得しか得ていないのならば，その低所得の納税者に対しては，何ら便益を提供しないのはいうまでもない。

　サリーの批判を受け入れ，高額所得者により高い便益を提供する租税支出を減少させることは，所得の再分配を実現することに役立つと考えられる。そして租税支出ではなく，直接支出の方法を用いれば，高額所得者に対して，より高い税の便益を提供するという状態を回避することができるし，極端にいうと，税金を全く納めていない低額所得者だけに便益を提供することもできる。

　もっとも，実際に直接支出をすべきかどうか検討する段階になると，人々の関心が集まりチェックされることになるので，その直接支出が認められるかどうか疑わしいと筆者は考えている。というのも，所得控除は金額的には小さいし社会的な批判も受けにくいが，一方で，直接支出のほうは金額的に大きいし，また社会的な批判を受けやすいからである。それは，わが国において，子供手当てに関しては，かつて支給すべきか否かに関して社会的な批判にさらされたが，平成23年度の税制改正における扶養控除の減額に関しては，それほど社会的な批判を受けることがなかったことからも推量できる。

第5節　現実的なアプローチとしてのサリーの租税論

　サリーの租税支出概念は，ヘイグ・サイモンズ（Haig-Simons）の包括的所得概念に基本的には依拠するものであるが[29]，では，そもそもヘイグ・サイモンズのいう包括的所得概念とは，一体どのようなものなのか。

　ヘイグ・サイモンズの包括的所得概念というのは[30]，所得を「消費プラス一定期間の富の純増加」とする所得概念をさす[31]。ここにおける，一定期間における富の純変動に関しては，おそらく疑問を持たれることはないが，消費が加えられていることに関しては，疑問を持たれる向きもあろう。この消費が加えられていることに関して，宮島洋教授は[32]，包括的所得概念が，所得の獲得面ないし源泉面ではなく，所得の処分面ないし行使面に着目しているからであるとし，これは，人々が所得を獲得する目的が，所得の稼得自体にあるのではなく，現在における経済資源の支配（消費）および将来における経済資源の支配（財産権価値の純増，簡単には純貯蓄）に目的があるからに他ならないとする。そして，宮島教授は，この経済資源の支配力の増加を課税ベースとするならば，経済資源の支配力の増加に寄与するあらゆる種類の所得を無差別に算入し，しかもそれらを統合することが重要になるとする。包括的所得概念というと，所得の源泉，形態，実現・未実現，その他属性の相違は問わず，あらゆるものを所得に含めるのが原則であるが，その原則的な考え方は，このような現在及び将来の経済資源の支配力の増加に着目することに基づいているといえる。

　包括的所得概念は，従来の制限的所得概念に対立するものとして位置づけられる[33]。制限的所得概念とは，利子・配当・地代・利潤・給与等，反復的・継続的に生じるもののみを所得とする考え方である。この所得概念によれば，一時的・偶発的・恩恵的利得は所得の範囲から除かれる。したがって，この所得概念の下では，たとえばキャピタルゲイン（capital gain）は，所得の範囲から除かれる。

　わが国で包括的所得概念が採用されている裏づけとして，金子宏教授は [34]，わが国の所得税法において，譲渡所得，山林所得，一時所得等の所得類型を設けて，一時的・偶発的利得を課税の対象としているのに加えて，利子所得から一時所得までの所得に含まれない所得を雑所得として，全ての所得を課税の対象としていることをあげている。

　また，金子教授は [35]，所得はいかなる源泉から生じたものであるかを問わず課税の対象とすべきであり，また現金の形だけではなく，現物給付・債務免除益等の経済的利益も課税の対象とすべきであり，さらには，合法な所得だけではなく，不法な所得も課税の対象とすべきであるとしている。

　しかしながら，包括的所得概念が，現実にわれわれの世界において，厳密に採用されているわけではない。たとえば，わが国の所得税法や法人税法を議論する場合に，原則的には，これらの税法では包括的所得概念が採られているといわれながらも，未実現の利得や帰属所得に関しては一部を除いて課税されていない。

　サリーの所得概念も，このヘイグ・サイモンズの包括的所得概念を修正し，現実に利用可能なアプローチにしたものである。ヘイグ・サイモンズの所得概念は，固定資産に関する未実現の評価益，帰属所得などのあらゆる所得を含む概念であるが，一方でサリーの租税支出概念モデルにおけるいわゆる通常の課税ベースという概念は，このヘイグ・サイモンズの所得概念を修正して，たとえば未実現利益には課税しないし，自己所有の家屋や財産について生じる帰属所得に課税しないことにしている。すなわち，帰属所得に関しては，ヘイグ・サイモンズの観点によれば，自己所有の家屋の賃貸価値に見合う賃料を彼自身から受け取った所得としてみなさなければならない [36]。しかし，このようなヘイグ・サイモンズの所得概念がカバーしている項目をサリーの所得概念は除外したものとなっている [37]。

　ヘイグ・サイモンズに代表されるような経済理論に基づいた帰属所得等を除外したがゆえに，租税支出という概念は普及したといってよい [38]。サリーの見解からも，未実現の評価益や帰属家賃を租税支出に含めなかったことについて，

歴史的にみると，アメリカにおいて，これらの項目が所得とはみなされてこなかったことをあげ，"一般に認められた所得税の構造（the generally accepted structure of an income tax）"を反映するように工夫したものであるとし，一般に受け入れられるように努めたことがうかがえる[39]。

筆者も，会計上の利益や税務上の所得概念は，基本的には経済学的な所得概念によるべきであるが，経済学的な所得概念は理想であって，会計や税務といった現実の世界では，ある程度の修正を施さなければならないと考える。したがって，未実現利益に対する課税や帰属所得に対する課税に関しては，サリーと同様に筆者は懐疑的である。もっとも近年，売買目的有価証券の評価益に対する課税が行われるようになったり，貨幣の時間的な価値を考慮した減損会計や退職給付会計が登場したりして，会計の所得概念は経済学的な所得概念に近づいてきていることは否めない。

さて，会計期間に関しても同様のことがいえ，ヘイグ・サイモンズは，利益を計算する際の期間を特定していないが，一方でサリーは，行政上実行可能である規範的な（normative）所得税に関しては，現実的なアプローチとして，期間を特定しなければならないと主張する[40]。会計期間を用いることにより，収入と費用の配分の問題が生じるとし，会計における発生主義の適用と，当期の費用と次期以降の費用となる資本的支出の区別なども取り入れるべきであるとしているのである[41]。

もっとも，サリーは，企業会計の基準のテストは，いくつかの理由で，全く受け入れることはできないとしている[42]。サリーは，財務報告と企業会計の目的は，いくつかの状況において，税務会計のそれと異なっていることをまず指摘する。そして，例として，次のような違いを指摘している。たとえば，財務会計基準は，税務会計の規則で求められているよりも早い期間に費用を割り当てるべきであるとしているが，逆にいくつかの状況においては，税務会計は，所得を財務会計目的で報告されるよりも遅く報告されることを認める場合もあるとしている[43]。

第6節　む　す　び

　税法というのは，税を徴収する目的を有しておきながら，一定の方法による税の軽減策を取り込んだ矛盾で満ち溢れた存在である。租税特別措置というのは，いわばその一定の方法による税の軽減策の一つであって，特定の産業や個人を優遇するもので，明らかに公平概念に抵触する。それゆえ租税特別措置は，廃止することが望ましいと批判されている[44]。

　しかしながら，租税特別措置は，なくなることが全く考えられていない制度である。それは，わが国の現在の状況のように，国の財政が大変な状況であっても，依然として変わらない。現在累積する財政赤字の影響で，わが国の政府は大規模な増税を予定しているようだが，それでも租税特別措置を撤廃しようという方向性は全くない。それは，政府が，さまざまな政策を実施していくうえで，租税特別措置がもたらすインセンティブを必要としているからに他ならない[45]。政府は，税制を通じて，インセンティブを提供し，それにより，人々の行動を望ましい方向に向けようとしている。政府は，たとえば法人に対しては，減価償却の加速償却や，特別償却，あるいは引当金や準備金という制度を通じて，個人に対しては，所得控除などを通じて，インセンティブを提供し，人々の行動を政府が考える望ましい方向に向けさせようとしているのである。

　本章で取り上げたサリーの租税支出概念は，財政支出削減のための有用なアプローチの一つである。サリーの租税支出概念は，間接支出に租税支出という名称を与え，直接支出と同様に間接支出にも目を向け，その効果を検討して効果がなければ，間接支出の削減を検討していくというものである。租税支出が白日の下にさらされ，直接支出と同様のチェックが行われると，租税支出は削られる可能性が高いのではないかと筆者は考えている。もちろん，ある租税特別措置により，政府の経済政策を効率的に実現できるのであれば，その租税特別措置に関しては，むしろ歓迎すべきであるとの判断がなされることはいうま

でもない。

　現在，わが国では，租税特別措置に関心が集まり，効果の乏しいものは，削減の対象にしようという動きが見られる。サリーの租税論は，その際の有益な示唆を提供するものである。

【注】

（1）　Stanley S. Surrey, Tax Incentives as a Device for Implementing Government Policy：A Comparison with Direct Government Expenditures, 83 HARV. L. REV. 705 (1970).：田島裕訳「政府の政策目的の実現のために手段としての租税誘因措置－政府の直接支出との比較－」租税法研究第1号，1973年10月。

（2）　サリー教授の租税支出概念の提唱は，1967年11月15日のニューヨーク金融グループ会議における「合衆国所得税制度－完全会計の必要性」と題する講演に始まるといわれる。W. Hellmuth & O. Oldman, Tax Policy and Tax Reform: 1961-1969, Selected Speeches and Testimony of Stanley S. Surrey 575（CCH, 1973）.

（3）　サリー教授は，租税特別措置に基づいた実質的には支出に相当するもの（expenditure equivalents）を計算し，議会や予算委員会の詳細な調査を受けるべきであるとする。*See, id.* at 576.

（4）　*See* Surrey, *supra* note 1, at 715：田島訳・前掲注（1）17頁参照。

（5）　たとえば，畠山武道「租税特別措置とその統制－日米比較－」租税法研究第18号，1990年10月；辻山栄子「租税支出から直接支出へ」－S. S. Surreyの提言－」現代日本経済社会研究第1号，1979年4月；吉牟田勲「租税支出の国際基準の逐条的研究－個人所得税関係」『中川一郎先生喜寿祝賀税法学論文集』1986年；上村敏之「所得税における租税支出の推計－財政の透明性の観点から」会計検査研究38号，2008年9月；石村耕治『アメリカ連邦財政法の構造』（法律文化社・1995年）参照。

（6）　上村敏之『アメリカ連邦政府と地方政府における租税支出レポートの現状と日本財政への適用に関する考察』（平成20年度海外行政実態調査報告書・2001年）53頁。

（7）　Stanley S. Surrey, Pathways to Tax Reform (1973) Harvard University Press, Cambridge Massachusetts.

（8）　*Id.* at 1.

（9）　*Id.*

（10）　石油採掘業に対する特別減耗償却引当金や材木産業に対する特別な税の取り扱い，老齢者，病気や盲目の人に対する特別な税の便益などがあった。*See id.* at 2.

（11）　「……，S・S・サリー教授が，この政府の間接的財政支出に関して「租税支出」（Tax expenditures）という用語をあてた上で財政支出への批判的分析をおこなったことから，広範な議論を呼びおこす結果となった。そしてそれまでは総体として公表されることのなかった「租税支出」の公開，予算への計上要求といった一連の動

きが起り，やがてそれは財務省を動かし，「租税支出予算」を誕生されることとなった。」駒木晃「アメリカにおける「租税支出」概念の展開と法人所得税の実効税率」レファレンス357号94－95頁，1980年10月。

(12)　*See* Surrey, *supra* note 7 at 3.

(13)　石村・前掲注(5)22頁参照。

(14)　Stanley S. Surrey & Paul R. McDaniel, Tax Expenditures, (1985) Harvard University Press, Cambridge Massachusetts.

(15)　*Id.* at 3.

(16)　*Id.*

(17)　この第2の要素に関して，次のような見解がある。「……，この第2の体系は，所得税の固有の構造の上に単純に継木されたものに過ぎない。それは，固有の構造と基礎的な関連をもつでもなく，その実施に必要とされるものでもない。まことに，租税歳出体系は巨大な助成装置を準備するものであって，所得税のメカニズムに便乗して補助金を支払う役割をもつだけである。租税歳出予算は，本質的には現在の所得税制度のもとにおける租税インセンティブまたは租税による補助を列挙することになる。」忠佐市「アメリカの租税歳出論議」税経通信第36巻第3号，1981年2月。

(18)　Surrey & McDaniel, *supra* note 14 at 3.

(19)　*Id.* at 6-25.

(20)　*See* Surrey, *supra* note 1 at 715：田島訳・前掲注(1)17頁参照。

(21)　サリー教授は，直接的支出は，政府の細かいチェックを受けるが，租税支出は，細かいチェックを受けないから，租税支出のほうが，特定の状況において有用な方法であると考えるのは，意味がないことであるとする。*See id.* at 714：同上，16頁参照。

(22)　「もし租税誘因措置とは，利用できる金銭的恩典に対応して一定の活動または行為を誘因する租税支出であると定義するならば，右の分析に含まれるほとんどすべての租税支出は，租税誘因措置であると考えうる。租税支出の多くは，明らかに連邦議会が国家の利益になると考える行動を誘因するために，採択されたものである。例えば，投資控除は，機械および設備の購入を奨励することを目的としており，一定の金融機関に対する過度貸倒れ準備金は，貯蓄および融資組合や相互貯蓄銀行の発展を促進するために認められており，慈善控除は，博愛精神を育てることを目的としており，要件を満たす恩給制度についての租税上の有利な取扱いは，恩給制度の適用される範囲を広く拡大させることを目的としており，そして会社の特別付加税の免除は，小規模の事業の育成を目的としている。」*See id.* at 711：同上，13頁参照。

(23)　*See id.* at 734：同上，40頁参照。

(24)　サリー教授は，次のように述べている。「……，立法者は，同じような直接支出計画の場合には，たとえそれがずっと小さなものであるとしても，簡単に拒絶してしまうのに対し，租税誘因措置計画ならたといかに支出が大きくても，多くの場合に，よく考えもしないで受け入れてしまうのは一体なぜだろうかということである。」*See id.* at 735：同上，41頁参照。

(25)　*See id.* at 720：同上，24頁参照。

(26) 　所得控除が有する逆進性を是正するために，税額控除を利用すべきであるとの主
張もある。「……，所得控除は，高額所得者ほど有利に働き，逆進的な税制となりか
ねないことから，累進的な税制として一律に控除する税額控除にすべきであるとい
う批判がなされるわけである。」田中康男「所得控除の今日的意義－人的控除のあり
方を中心として－」税務大学校論叢48号79－80頁，2005年6月。

(27) 　しかしながら，見方を変えれば，租税支出は，高額所得者よりも，低額所得者に
便益を与えていると見ることができるという批判がある。Griffithは，所得控除が低
額所得者層と高額所得者層の所得に与える影響に関して，次のような異なる見方を
提供している。

　たとえば，仮に貧しい層が，20,000ドルの所得を有し，裕福な層は，80,000ドルの
所得を有するとする。20,000ドルの所得までは，20％の税率で課税され，20,000ドル
を超えた所得に関しては，40％の税率で課税されるとする。そして，4,000ドルの医
療費を支出したとする。

　もし医療費控除が認められないとすれば，貧しい層は4,000ドル（20,000ドル×20％
＝4,000ドル）の税金を支払い，裕福な層は，28,000ドル（20,000ドル×20％＝4,000ド
ルと60,000ドル×40％＝24,000ドルの合計額）の税金を支払うことになる。

　医療費控除の採用は，富裕層と貧困層の課税所得を4,000ドルだけ引き下げ，富裕
層の税負担を1,600ドル（0.4×4,000ドル，20,000ドルを超えた部分は，税率が0.4なの
で，0.4分だけ税金が少なくなる）だけ引き下げ，貧困層の税負担を800ドル（0.2×
4,000ドル）だけ引き下げる。このようにして，医療費控除は貧しい層よりも，富裕
な層に金額的な便益を提供する。つまり，医療費控除の採用により，富裕層と貧困
層の税引き後の所得の所得について，800ドルの金額的差異が生じることになる。そ
してこれは，医療費控除導入による税引き後所得の絶対額の比較を提供する方法で
ある。

　しかしながら，税構造の累進性を判断するための代替的な方法がある。それは，裕
福な層と貧しい層が支払う税の相対的な金額に着目するものである。もし上の例に
おいて，医療費控除が認められないならば，富裕層の租税負担は，貧しい層の7倍
であるが（28,000/4,000），しかし医療費控除が認められるならば，裕福な層は，貧し
い層の8.25倍（26,400/3,200）の租税を支払わなければならないことになる。

　医療費控除の採用は，富裕層と貧しい層の平均税率に同様の影響を与える。医療
費控除がないと，貧しい層の平均税率は，20％であり（4,000/20,000=20％），富裕層
の平均税率は，35％である（28,000/80,000=35％）。医療費控除が認められると，貧し
い層の平均税率は，4％下がり，16％となり（3,200/20,000=16％），一方，富裕層の
平均税率は，2％だけ下がり，33％となる（26,400/80,000=33％）。

　おそらく，税負担の累進性を測定する最善の方法は，税引き後の所得に対する影
響を検討することである。たとえば，税引き後の富裕層と貧しい層の税引き後の所
得の割合を検討してみよう。もし医療費控除が認められないとすれば，富裕層は，税
引き後の所得の52,000ドルを有することになり，貧しい層は，16,000ドルを持つこと
になる。このようにして富裕層には，貧困層の3.25倍の税引き後の所得が残ることに

なる（52,000ドル÷16,000ドル＝3.25）。もし医療費控除が認められれば，富裕層には，税引き後の所得として，53,600ドルが残り，貧困層は，16,800ドルが残ることになり，富裕層には，貧困層の3.19倍の税引後の所得が残ることになる（53,600ドル÷16,800ドル≒3.19）。Thomas D. Griffith, Theories of Personal Deductions in the Income Tax, 40 Hastings L. J. 343, 352-360（1989）.

　　このように，絶対額ではなく，相対額で比較すると，確かに，租税支出は，所得の再分配を阻害していないといえるが，しかし一般的には，絶対額に着目され，所得の再分配を阻害しているといわれており，租税支出を取りやめることが，所得の再分配に資すると考えられている。

(28)　*See* Surrey, *supra* note 1 at 724：田島訳・前掲注（1）28頁参照。

(29)　*See* Surrey, *supra* note 7 at 12.

(30)　ヘイグ・サイモンズの所得概念は，シャンツ・ヘイグ・サイモンズ概念と呼ばれることもあり，実際，サリー教授は，シャンツ・ヘイグ・サイモンズ（Shanz-Haig-Simons＝S-H-S）得概念とよんでいる。Surrey & McDaniel, *supra* note 14 at 186.

(31)　Henry C. Simons, Personal Income Taxation, 50（1938）The University of Chicago press Chicago, Illinois.

(32)　宮島洋『租税論の展開と日本の税制』（日本評論社・1986年）5頁。

(33)　制限的所得概念に関しては，金子宏『租税法　第12版』（弘文堂・2007年）159頁を参照されたい。

(34)　同上，160頁。

(35)　同上，同頁。

(36)　Alan L, Feld, Book review, Pathways to Tax Reform, 88 Harv. L. Rev. 1047, 1050（1975）.

(37)　*See* Surrey & McDaniel, *supra* note 14 at 188.

(38)　Allaire Urban Karzon, Tax Expenditures and Tax Reform, 38 Vand. L. Rev. 1397, 1402, n 20.

(39)　Surrey & McDaniel, *supra* note 14 at 188.

(40)　*Id.* at 189.

(41)　*Id.*

(42)　*Id.*

(43)　*Id.*

(44)　金子宏教授は，租税特別措置法のうち，税負担の軽減を内容とするものを租税優遇措置と称し，公平の概念に明らかに反するとする。「租税優遇措置は，担税力の観点からは同様の状況にあるにもかかわらず，税負担の上で特別の利益を与えるものであるから，公平の要請に正面から抵触することは明らかである。」金子宏『租税法（第12版）』（弘文堂・2007年）78頁。

(45)　「……特別措置は，それぞれ一定の目的と根拠をもって設けられたものであるが，いずれの国の税制を見ても，特別措置が多かれ少なかれ設けられていることからもわかるように，税制上の措置は，経済政策等を遂行するため比較的有効な手段であ

り，わが国の税制にもある程度これらの措置がとり入れられるのは，やむをえないであろう。」臨時税制調査会編『臨時税制調査会答申』70頁，1956年12月。

第 2 章

所得概念の精緻化により認められる所得控除

第1節 は じ め に

　サリー（Surrey）は，所得税を二つの要素に分け，アメリカにおける財政支出を削減しようとした[1]。第一の要素は，構造的規定（structural provisions）であり，税率，非課税や課税単位を含んでいる。第二の要素は，特別規定（special preferences）であり，特定の産業，特定の活動，あるいは特定の階層を優遇するようにデザインされた通常の税構造から逸脱したもの（departures from the normal tax structure）である。サリーは，多くの税法の規定が租税の原則から逸脱している特別規定であることを指摘し，この特別規定に基づいて認められている支出を租税支出と称した[2]。この租税支出に該当する項目は，直接支出ではなく，間接支出であるために目立たないが，実質は，政府が支出したものと考えることができ，隠れた補助金とみることもできる。サリーは，このいわば隠れた補助金に目をつけ，財政支出を削減しようとした。

　また，サリーは，非課税あるいは控除といった方法の租税支出は，低所得者層よりも高所得者層に恩恵を与え，納税義務を持たない人には，まったく恩恵を与えない逆さまの補助金としての性格を有し，不公平であると主張している[3]。

　さて，ヘイグ・サイモンズの所得概念によれば，寄附金，医療費，そして災害損失は，所得から控除できない。ヘイグ・サイモンズの所得概念は，包括的所得概念ともよばれ，そしてその包括的所得概念とは，一定期間における所得（累積）プラス消費であるとされ[4]，消費は所得にプラスされる。ヘイグ・サ

イモンズの所得概念では，これら三つの支出は，所得を稼得するための費用ではない個人的な支出であり，消費であって，所得から控除される資格を持たないとされるのである[5]。

サリーも，利益獲得活動に役立たない支出を消費に分類し，所得から控除できないとして[6]，次のように述べている[7]。

> 「実際に，"消費"は，所得を稼得するあるいは生み出すコストとして生じるもの（課税純所得を計算する際に適切に総所得と相殺される額）を除くすべての支出を含んでいる。」

また，サリーは，多くの経済学者は，所得稼得に貢献していないとして，寄附金，災害損失そして医療費を同様に租税支出に分類していると指摘している[8]。

本章では，サリーの租税論では消費であり，本来課税されるはずの租税支出に分類されている，寄附金，医療費，災害損失を取り上げ，これらの所得控除が所得概念の精緻化からすると，所得から控除できるのではないかという理論を検討していく。

第2節　租税支出の一部としての所得控除

サリーは，寄附金というものは消費であり，通常は所得から控除されるものではないが，その機能に着目され，特別に所得からの控除が認められると述べている[9]。すなわち，寄附金控除は，通常の税構造から逸脱したものであり，サリーのいう租税支出に分類されるものであるが，政策的な意図を実現するインセンティブとしての機能に着目され，所得からの控除が認められているというのである。寄附金控除は，博愛精神を育てるインセンティブとして受け入れられているので，もし寄附金控除が認められることによって，博愛精神を育むことに役立っているならば，寄附金控除を継続するという意思決定がなされることになる。寄附金控除が博愛精神を育てるという目的があることをサリーは，次のように述べている[10]。

　　「もし租税誘因措置とは，利用できる金銭的恩典に対応して一定の活
　動または行為を誘因する租税支出であると定義するならば，右の分析
　に含まれるほとんどすべての租税支出は，租税誘因措置であると考え
　うる。租税支出の多くは，明らかに連邦議会が国家の利益になると考
　える行動を誘因するために，採択されたものである。例えば，投資控
　除は，機械および設備の購入を奨励することを目的としており，一定
　の金融機関に対する過度貸倒れ準備金は，貯蓄および融資組合や相互
　貯蓄銀行の発展を促進するために認められており，慈善控除は，博愛
　精神を育てることを目的としており，要件を満たす恩給制度について
　の租税上の有利な取扱いは，恩給制度の適用される範囲を広く拡大さ
　せることを目的としており，そして会社の特別付加税の免除は，小規
　模の事業の育成を目的としている。」

多くの経済学者も，寄附を消費とみており[11]，たとえばグードも寄附を消費
に含めており，その控除が認められているのは政策的な理由によるとしている[12]。
グードは，寄附は，納税者の処分を受けた経済的資源の一部であり，所得に含
められるべきであり，所得から控除されているのは，政策的な理由であるとし
ている[13]。

　サリーによれば，医療費控除も租税支出に分類される。サリーは，医療費を
租税支出に含め，その正当性を主張している[14]。

　医療費控除が認められているのは，担税力を考慮するためであるといわれる。
わが国において，医療費控除は，シャウプ（Shoup）勧告において，基礎控除
を上回る著しく多額の医療費が支出されたときに特別に認められる控除として
紹介され[15]，この勧告を受けて昭和25年（1950年）に導入されている。

　　「費用のかかる疾病は，医療費がこのような場合，控除を認めらるべ
　きであるとは必ずしも考えられていないが，やはり納税者の支払能力
　に重大な支障をおよぼす。事実時折生ずる医療診察にかかる普通の費
　用を控除として認めることは，基礎控除で償われていると見るべき生
　計費の控除を別に設けることになり，これは税務行政に不当の負担を

負わしめることととなる。しかしこのような費用が甚しく多い場合，例えば大手術だとか，長期の入院とか，または小児麻ひあるいは肺結核のような慢性的疾患の場合，支払能力に相当な支障をきたすわけであって，このような費用には適当な控除が与えられるべきである。損失が所得の十％をこえるかぎり，その控除を認めるという損失控除の一般的な制限を適用すれば，普通の医療費の控除を締め出す問題は大体解消されるであろう。他面，医療費の種目のうちでいかなるものが控除されるかについてある制限を設ける必要がある。なぜなら富裕な納税者が温泉，休暇，旅行等の同種の長期滞在の費用を医療に装って控除を試みることによってこの規定を悪用しないとも限らない。したがって，一年に医療費として控除できる最高限度を十万円とする。」

シャウプ勧告が，担税力を重視した背景として，慢性的疾患の医療費を控除対象としようとしたことがあげられるという五嶋陽子教授の次のごとき見解がある[16]。慢性的疾患の労働者は，労働市場で労働を供給しない。労働を供給しない費用である医療費は，消費ということになる。消費であるということになると，所得からの控除が認められなくなってしまう。しかし，担税力を重視し，医療費控除を認めるのであれば，労働を供給しない医療費（消費）であっても，所得からの控除を認めることができる。そこでシャウプ勧告は，担税力を重視したというのである。

その後も，わが国では，担税力に対する配慮として医療費控除は存在するという認識の下で，医療費控除制度は進化してきている。医療費は，あくまで消費である。しかし，多額の医療費を支出した納税者は，そうでない納税者と比較すると担税力が低い。そこで，一定金額を超える医療費を支出した納税者に関しては，特別に医療費を所得から控除することが認められると考えられてきたのである。

佐藤英明教授は，この担税力配慮のために控除する立場に関して，次のように述べている[17]。

「……，後者のように考える立場（納税者の真の担税力算定のために

控除する立場）には，医療費は飽くまでも医療サービスの購入の対価
であって消費の一部であるから本来それを控除する必要はないが，そ
の支出が高額になる場合には納税者の「真の担税力」が害されるので
特別な配慮から，医療費の一部を控除する制度であると説明すること
になる。」

　サリーは，災害損失も所得を稼得するものに役立っていないとして，租税支
出に含めている。通常の税構造から逸脱しているものについて，租税支出と名
付けて財政支出を削減しようとしたサリーは，所得稼得に貢献していないとし
て災害損失を寄附金や医療費と同様に租税支出に分類している[18]。

　　「租税支出概念を検討した何人かの著者は，いくつかの個人的な費用
を租税支出として分類することを受け入れることに難色を示している。
通常のターゲットは，寄附金と医療費の控除である。批評家のうち何
人かは，これらを消費項目とは考えない。しかし，多くの経済学者達
は，これらを消費とみることにほとんど問題はないと考えている。そ
れゆえこれらの控除は，租税支出として適切に分類される。租税支出
の批評家達は，"支払能力"アプローチを用いて，通常医療費と災害損
失を誤った分類の例として挙げる。しかしこれらの項目は，所得を生
み出すコストではない。それゆえ，租税支出としてこれらを分類する
ことは正しい。」

第3節　所得概念の精緻化としての所得控除

　寄附金支出に関して，所得概念の精緻化の観点からすると，所得から控除で
きる資格を有しているとする論者もいる。その論者とは，アンドリュース
（Andrews）である。アンドリュースは，基本的にはヘイグ・サイモンズの所
得概念に依拠するものの，消費の概念についてヘイグ・サイモンズとは異なる
立場をとる。

アンドリュースは，そもそもヘイグ・サイモンズの所得概念における消費という概念は，あいまいであり，操作性が乏しいとしている。アンドリュースは，次のように述べている[19]。

「特に個人的な消費という概念は，課税所得のいかなる操作的な定義においても，直接的に反映させようとすることが全く実行不可能な，様々なフリンジベネフィットや帰属所得の項目を含むように，無制限に拡張されうる。結果的に，彼の定義を実用的で操作的な内容にするために，消費の範疇に何が含められるべきかを示すことによって，微妙な線が，引かれなければならない。」

アンドリュースは，あいまいなヘイグ・サイモンズの消費概念を修正し，所得概念の精緻化を試みている。すなわち，アンドリュースは，排他的な（preclusive）消費という概念を用い，もっぱら私的に現実の財を消費したものだけを消費と称するとし，消費に関する操作的な定義を提唱している[20]。アンドリュースのいう排他的な消費という概念はわかりづらい。筆者は，排他的な消費に関して，その人が専ら現実の財やサービスを消費し，他の人がその財やサービスを享受しない消費であると考えたらよいのではないかと考えている。

アンドリュースによれば，寄附金支出は，課税ベースから除かれる。寄附が除かれる理由は，寄附は"分けることができる私的財の排他的消費"でないからであるという[21]。慈善団体へ寄附を支出すると，その寄附を支出した人は寄附を行ったという心理的な満足を得るかもしれないが，現実の財やサービスを消費したわけではない。また，その寄附は，あくまで受け取った人が寄附を享受しており，寄附をした人が寄附を受け取った人の寄附金の享受というものを除外するわけではない。このようなことから，アンドリュースは，寄附は，排他的消費には該当せず，消費のカテゴリーからは除かれるとした。

アンドリュースは，次のように述べている[22]。

「多くの慈善寄附の場合には，寄附された資金で購入される実質的な財あるいはサービスは，全て，寄附した人ではない人々の便益になり，そして寄附者は贈与をするという非物質的な便益しか享受しない。」

　また，アンドリュースは，ヘイグ・サイモンズとは異なり，帰属所得を所得に含めないし，実際には帰属所得は考慮されていないとし，しかも寄附をした人に寄附金控除を認めることにより，理論的な整合性が保てると主張している[23]。アンドリュースは，次のような例をあげて，このことを説明する[24]。医者が，無料で誰かの診療を行ったとする。われわれは，彼が行ったサービスの価値に課税することはしない。一方で，貧しい人にとって直接的に役に立つ技術のない弁護士が，法律事務所で働いて，クライアントから報酬を得て，そのお金を貧しい人に寄附するとする。もし貧しい人に対する医者のサービスの帰属価値を課税から除去することが適切であるとするならば，弁護士が稼いで寄附した金額について弁護士に課税する理由はないとする。そして，寄附金控除という制度は，この場合の弁護士を医者と同様に取り扱うものであると，アンドリュースは主張する[25]。

　帰属所得を除外していることに関しては，サリーも同様である[26]。ヘイグ・サイモンズの定義は，あまりにも厳密で包括的である。ヘイグ・サイモンズの所得概念によると，所得とは，「消費プラス一定期間の富の純増加」と定義され[27]，そして，固定資産に関する未実現の評価益や帰属所得も所得とされる。したがって，たとえば主婦の家事労働から生じる帰属所得も，この所得概念によれば当然所得に含まれる。しかし，このような帰属所得まで，所得に含めて課税するというのは，実行可能なものではない。サリーの租税論は，帰属所得や未実現の所得を除外することによって，ヘイグ・サイモンズの理想的でしかも理論的であるが，現実的ではない所得概念を緩和したものとなっている[28]。

　次に，医療費控除について考えてみたい。すでに述べたように，医療費控除は，通常，税制上の恩典と解釈されており，サリーによれば，租税支出に属するとされ，租税支出予算の中の財政支出削減の一項目に含められている[29]。

　しかしながら，医療費控除は，削減対象にはあげられても，実際には削減されない項目となっている。その理由には，次に示すグード（Goode）が指摘しているような医療費控除の根拠があると考えられる。グードは，次のように述べている[30]。

「医療費控除は，広く是認されてきており，他の所得控除については批判的な一部の人たちでさえこれを認めている。これは，自分では医療費の金額を左右できる余地はほとんどなく，また，こうした支出は予想できないものであり，しかも時には恐ろしく大きなものになることがあるという考え方のように思われる。一定の水準を超える場合には，医療費は個人の自由に処分できる所得を減らし，したがって同一の所得をもつ他人と比較すれば担税力を削減するものであると考えられる。」

　一見すると，グードは，医療費控除の根拠として担税力の配慮のみを指摘しているようであるが，よく読むと，医療費は，自らが意図して支出したものではなく，やむを得ず支出されたものであることを指摘していることがわかる。この意図せずして，やむを得ず支出したという点が，医療費は消費ではないという議論と密接な関連がある。

　通常は，消費支出に分類されるものは裁量的なものであるが，医療費はそうではない。医療費というものは，他の消費支出とは異なり，自らが意図して支出したものではない，やむを得ず支出されるもので，いわば非裁量的支出である[31]。

　この非裁量的支出を消費から除いたほうが，理想的な課税ベースに一層近づけると主張したのが，アンドリュースである[32]。アンドリュースは，医療費というのは疾病以前の状態に回復させるために必要な支出であって，消費ではないと主張した[33]。明示的ではないが，論文から，医療費というものが自発的に支出されるものではないために，消費には該当しないとアンドリュースが考えていることが読み取れる[34]。

　アンドリュースは，課税可能な消費という概念を精緻化し，理想的な個人所得税はどのようなものなのかについて考慮すると，医療費控除を認めることが，理想に近づくことになると主張している[35]。ヘイグ・サイモンズの所得概念に基づくと，所得とは富と消費の累積であるとされる[36]。アンドリュースは，このヘイグ・サイモンズの所得概念に基づくものの，一般的には消費のカテゴリ

ーに含まれるとされる医療費に関しては消費から除くべきであると主張した[37]。医療費は，個人による希少資源の利用を意味しており，その資源の利用が，もし医者の時間と病院の空間を利用するならば，その時間と空間を他の誰かが利用できないという意味で排他的であるなどの理由で消費としての特徴を有するが，課税ベースとしての消費は，健康な状態であるかどうかを考慮し判定するものでなければならないとアンドリュースは主張している[38]。

　アンドリュースは，1972年の論文において，不法行為者（tortfeasor）により医療費負担をしてもらった納税者の例をあげている。怪我をした納税者は，医療費を負担していない。その怪我を引き起こした不法行為者が医療サービスの費用を負担しており，したがって，怪我をした納税者はこの医療サービスに関する便益を得たといえるが，アンドリュースは，この便益に課税すべきではないとする[39]。この場合は，納税者には，所得は生じていない。なぜならば，その怪我をした納税者は，その怪我をした納税者が怪我をする前に有していた状態に戻ったに過ぎないからである。

　医療費控除の根拠として，真の担税力の算定という観点ばかりがわが国では強調されるが，アンドリュースが提唱する所得の精緻化の観点からも，医療費控除の必要性が主張されうる。すなわち，医療費は不可避的に生じたものであり，また望んで支出したものではなく，納税者を健康な状態に戻すためだけの費用であり，それは消費とみるべきではないという観点である。

　もっとも，医療費を消費から除くというアンドリュースの主張には，所得概念の精緻化の観点からのみではなく，納税者の真の担税力算定のためという観点も含まれている。アンドリュースによれば，不法行為者が医療費負担をした場合と同様に怪我を負い，自分で治療費を支払った納税者に対しても課税すべきではないとする[40]。その理由は，納税者の真の担税力の算定である。自分で治療費を支払った場合には，不法行為者が治療費を負担した納税者と比べて，この納税者はさらに経済的に厳しい状態にある。医療費控除が適用されれば，この厳しい状況が調整されることになると，アンドリュースは主張している[41]。

　確かに，医療費を所得から控除することにより，健康な状態での納税者に対

する課税を行うことができるという意味で，納税者の真の担税力算定が可能になる[42]。たとえば，Ａという人が80,000ドルを稼ぎ，完全に健康であるとする[43]。Ｂは，100,000ドル稼ぐが健康ではなく，Ｂがかつて享受していた健康である状態に戻すためには20,000ドル必要であるとする。医療費控除は，これら２人の納税者を税目的で同様に取り扱うものである。医療費控除を行うことによって，健康で100,000ドル稼ぐが医療費が20,000ドルかかる人と，もともと80,000ドルしか稼がないが完全に健康な人とを同一に扱うことができる。医療費に費やした金額に，いわばゼロ税率が適用される格好になるのである[44]。

　災害損失も，所得概念の精緻化からすると，所得から控除できる資格を有するとする論者もいる。サリーによれば，災害損失は租税支出に分類されるが，災害損失は租税支出ではないという見解も存在し，所得概念の精緻化の観点から当然控除すべき項目であるとする主張も存在する。ヘイグ・サイモンズの所得概念における「消費」は，あいまいである。個人がもっぱらある資産を使用し，当該資産の利用によりその個人が便益を得ているとしたら，問題なくそれは消費に該当し，所得からの控除は認められない。しかし，災害や盗難による資産の価値の減少は，納税者個人の当該資産の利用により生じたわけではない。納税者は，個人的に利用するために当該資産を取得したのではあるが，納税者本人は何ら便益を受けていない。したがって，災害や盗難による資産価値の減少は，消費のカテゴリーには入らないと考えることができる[45]。

　カーン（Kahn）は，このことについて，次のように述べている[46]。

　　「……。しかしもし資産の価値が災害や盗難によって減少せしめられたりあるいは破壊されたりしたのであれば，当該損失は，納税者の当該資産の利用に起因するものではない。むしろそれは，外的な力の介入である。もし納税者が個人的に利用するために，当該資産を取得しなかったならば，当該損失は発生しなかったというのは，真実であるが，しかし当該損失を引き起こしたのは，当該資産の利用によるものではない。たとえ災害あるいは盗難から生じた損失が，当該資産の納税者による消費として取り扱われたとしても，納税者が便益を得られ

る消費ではない。」

　カーンは，盗難による損失は，租税支出にはならない説得的な理由が存在するとも主張している。カーンによれば，盗難による損失は，盗まれた人から盗んだ人に財産が移転しただけで，財産は損なわれておらず，誰も消費していないというのである。

　カーンは，このことについて，次のように述べている⁽⁴⁷⁾。

> 「所得に関する税は，社会的な財の消耗あるいは消費能力とそれに基づく将来財の消耗に課税するための代用物（surrogate）であるが，しかし盗まれたものは，社会的資源のプールから除かれたわけではない。社会に対する損失というのは，納税者が，サービスの遂行のために，現金あるいは他の財産を誰かに移転させたとき，納税者が受け取り，そして消耗したサービスである。財産は依然として損なわれていないから，社会は，サービスの提供者による受け取った財産を失ってはいない。盗難の場合には，盗まれた財は，依然として損なわれておらず，誰も消耗していない。」

第4節　む　す　び

　寄附金控除が認められている理由として一般的に考えられているのは，他の所得控除や税額控除の理由と同様，理論的なものではない⁽⁴⁸⁾。寄附金控除は，原則的には所得から差し引かれる費用という資格は持たないが，社会的に望ましい行動を促進する有効な手段であるがゆえに特別に認められていると考えられている。もう少し具体的にいえば，寄附金控除は，博愛精神を育てるインセンティブとして期待されているものであって，インセンティブとしての機能を果たしている限り政策目的と合致するので，特別に認められていると考えられているのである。

　医療費控除も同様であり，医療費控除は，通常，税制上の恩典と解釈されて

おり，サリーによれば，租税支出に属するとされ，租税支出予算の中に財政支出削減の一項目に含められている[49]。租税支出予算に含められているのは，医療費は寄附金と同様に消費であり，原則的には所得からの控除は認められないと考えられていることによる[50]。

災害損失も同様であり，サリーによれば，所得稼得に貢献しないので，租税支出に分類されている。

しかしながら，寄附金と医療費は，アンドリュースが指摘するように，ヘイグ・サイモンズの所得概念における消費に該当しないと考えることができる。アンドリュースは，そもそも，ヘイグ・サイモンズの所得概念における消費という概念はあいまいであり，このあいまいなヘイグ・サイモンズの消費概念を修正し，所得概念の精緻化を試みている[51]。

アンドリュースは，消費というのは排他的なものに限定するとして，寄附を個人消費から除いている[52]。ヘイグ・サイモンズの定義における消費には，明らかに寄附が含まれるが[53]，アンドリュースの定義によれば，寄附はその個人にもっぱら専属して他を排除する消費ではないという理由で消費から除かれ，課税されないことになる[54]。

また，同じくアンドリュースは，医療費というのは納税者が望んで支出したものではなく，納税者を健康な状態に戻すために支出されたものであり，したがって消費ではないから控除されるべきであると提唱している[55]。

さらに，カーンによれば，災害損失は納税者の資産の利用から生じたものではなく，また盗難にあって失われた資産は盗まれた人から盗んだ人に当該資産が移転しただけで，誰も消費していないと考えることができる。

このようにして，所得概念の精緻化の観点からすると，寄附金，医療費，災害損失は，所得から控除される資格を有すると考えることができるのである。

【注】

（1） Stanley S. Surrey & Paul R. McDaniel, Tax Expenditures, 3（1985）Harvard University Press Cambridge Massachusetts.

（2）　Stanley S. Surrey, Tax Incentives as a Device for Implementing Government Policy : A Comparison with Direct Government Expenditures, 83 HARV. L. REV. 705, 706（1970).：田島裕訳「政府の政策目的の実現のために手段としての租税誘因措置－政府の直接支出との比較－」租税法研究第1号4頁，1973年10月。

（3）　*Id.* at 720-725.：田島訳・前掲注（2）24－28頁。

（4）　Henry C. Simons, Personal Income Taxation, 50（1938）The University of Chicago press Chicago, Illinois.

（5）　*Id.* at 139, 140.

（6）　Stanley S. Surrey, Pathways to Tax Reform 21（1973）Harvard University Press, Cambridge Massachusetts.

（7）　サリーは，次のようにも主張している。「このようにして，このアプローチにおける消費は，所得を稼得するあるいは生み出す際に費消するものを除くあらゆる資金をいう－なぜなら，税金は純所得に課せられるものであるからである。」Surrey, *supra* note 6 at 21.

（8）　Surrey, *supra* note 1 at 205, 206.

（9）　Surrey, *supra* note 2 at 705, 711.：田島裕訳，13頁。

（10）　*Id.*

（11）　Surrey and McDaniel, *supra* note 1 at 205.

（12）　Richard Goode, "The Economic Definition of Income" in Comprehensive Income Taxation, ed. Joseph Pechman（Washington, D.C. : Brookings Institution, 1977）17.

（13）　*Id.*

（14）　Surrey, *supra* note 1 at 205, 206.

（15）　Shoup Mission, Report on Japanese taxation,Vol.1, 104, General Headquarters Supreme Commander for the Allied Powers, 1949. シャウプ使節団『日本税制報告書』（1949年）第1篇第5章E節104。

（16）　五嶋陽子「シャウプ勧告と医療費控除制度」商経論叢第45巻第1号21頁，2009年10月。

（17）　（納税者の真の担税力算定のために控除する立場）というカッコ書きは，筆者の補填。佐藤英明「雑損控除と医療費控除－制度の性格と内容」税研136号38頁，2007年11月参照。

（18）　Surrey, *supra* note 1 at 205, 206.

（19）　William D. Andrews, Personal Deductions in an Ideal Income Tax, 86 Harv. L. Rev. 309（1972）.

（20）　*Id.* at 314, 315.

（21）　*Id.*

（22）　Andrews, *supra* note 19 at 314

（23）　Andrews, *supra* note19 at 347, 348, 352.

（24）　*Id.*

（25）　Andrews, *supra* note 19 at 348.

(26)　Surrey and McDaniel, *supra* note 1 at 188.

(27)　Simons, *supra* note4 at 50.

(28)　Surrey and McDaniel, *supra* note 1 at 188.

(29)　*Id.* at 20.

(30)　Richard. Goode, The Individual Income Tax,（1964）166 The Brookings Institution, Washington, D. C：塩崎潤訳『個人所得税』日本租税研究協会（1966年）177, 178頁。

(31)　「……。消費支出とみられる大部分の支出は，支出者にとっては裁量的なものであるが，医療費支出は，そのほとんどの部分が非裁量的なものである。すなわち，そこには消費者の嗜好（preferences and taste）は介在していない。また，医療費支出は，一般的に納税者の物的福祉を低下させるものでありそれは支出時の福祉水準を高めるものではなく，疾病以前の状態に健康を回復させるのに必要不可欠な支出（人間資本の回復費）である。したがって，消費を課税所得測定の一要素として使用する場合，医療費支出は，原則として，消費の一部を構成するものではないと考えられよう。」小川正雄「アメリカにおける医療費控除の研究」税法学439号15頁，1987年7月。

(32)　Andrews, *supra* note 19 at 333.

(33)　*Id.* at 334-336.

(34)　*See* Mark G. Kelman, Personal Deductions Revisited：Why They Fit Poorly in an "Ideal" Income Tax and Why Fit Worse in a Far From Ideal World, 31 STAN. L. REV. 831, 859, 863-864（1979）.

(35)　Andrews, *supra* note 19 at 333.

(36)　Simons, *supra* note 4 at 50.

(37)　Andrews, *supra* note 19 at 334-336.

(38)　*Id.* at 335

(39)　*Id.* at 334

(40)　*Id.*

(41)　*Id.*

(42)　Kahnによれば，医療費控除を認めることは，累進税制度に修正を施すことになるという。多くの所得を得た人が多くの税金を納付するという累進税制度は，納税者間の犠牲を公平にするものであり，富の再分配を促すものである。日常生じる医療費程度であれば，通常の累進税制度の適用で問題がないが，通常の医療費を超えた納税者には修正を施さないと，累進税制度がもたらすはずの納税者間の犠牲を公平にすることもできないし，また富の再配分も行うことができない。通常の医療費を超えた納税者に対して，医療費控除を認めることにより，納税者間の犠牲を公平にすることができ，富の再分配を促すことができる。Jeffrey H ,Kahn, Personal Deductions － A Tax "Ideal" or just Another "Deal"？2002 L. REV. MICH. ST. U. DET. C. L. 1, 27-29（2002）.

(43)　この例は，カーンの論文から引用したものである。*Id.* at 27.

(44)　*Id.* at 27.

(45)　納税者の意図の有無で消費かそうでないかを区別しようとする考え方も存在する。家庭用動産を譲渡した場合の譲渡損失は控除できないが，同資産が災害により破壊された場合に控除が認められる理由として，納税者の意図の有無で説明できるという佐藤英明教授の見解があるのである。佐藤教授は，根拠として，最高裁において，「雑損とは，納税者の意思に基づかない，いわば災難による損失を指す。」とした最高裁の判示を挙げている（最判昭和36年10月13日民集15巻9号2332頁）。佐藤英明「雑損控除制度－その性格づけ」日税研論集第47号43頁，2001年5月。

(46)　Kahn, *supra* note 42, 38.

(47)　*Id.* at 39.

(48)　吉村典久「所得控除の意義について」税研136号16頁，2007年11月。

(49)　Surrey & McDaniel, *supra* note 1 at 20.

(50)　*Id.* at 205.

(51)　*See*, Stanley A. Koppelman, Personal Deductions under an Ideal Income Tax, 3 Tax L. Rev. 679, 5（1988）.

(52)　Andrews, *supra* note 19 , 314-315.

(53)　Simons, *supra* note 4 at 57, 58, 139, 140.

(54)　Andrews, *supra* note 19 at 346.

(55)　Andrews, *supra* note 19 at 3.

第 3 章
二つの論拠と結びつく寄附金控除

第1節　はじめに

　寄附金控除は，通常，税制上の恩典と解釈されており，サリー（Surrey）によれば，租税支出に属するとされる。寄附金控除は，間接的であるものの，実質的には政府支出である。したがって，寄附金控除は，投資税額控除や貸倒引当金と同様に財政支出削減の一項目としてあげられ，そして租税支出予算の中に含められているのである[1]。

　しかしながら，財政支出削減を行う必要性があるにもかかわらず，わが国における寄附金控除制度は，このところ拡大の一途をたどっている。平成17年には，控除限度額が総所得金額の25％から30％に引き上げられている。平成18年には，適用下限額が1万円から5千円に引き下げられている。平成19年には，控除限度額が総所得金額の30％から40％に引き上げられている。平成22年には，適用下限額が5千円から2千円に引き下げられている。また，平成23年には，寄附金に関して，従来の所得控除に加えて，新たに税額控除が新設され，所得控除と税額控除との選択が認められるようになっている。

　寄附金控除が認められている理由として一般的に考えられているのは，他の所得控除や税額控除の理由と同様に理論的なものではない[2]。寄附金控除は，原則的には所得から差し引かれる費用という資格は持たないが，社会的に望ましい行動を促進する有効な手段であるがゆえに特別に認められていると考えられている。もう少し具体的にいえば，寄附金控除は，博愛精神を育てるインセ

ンティブとして期待されているものであって，インセンティブとしての機能を果たしている限り，政策目的と合致するので，特別に認められていると考えられているのである。

　近年，所得控除から税額控除への変更が望ましいといわれており[3]，寄附金に関する税額控除方式の導入も適切な改正と見る向きもあろう。平成22年度税制改正大綱でも掲げられているように，高所得者層のほうが低所得者層よりも所得控除の恩典を受けることができることがその主たる理由であるが[4]，控除する理論的根拠が乏しいので，税額控除と結び付きやすいことも税額控除方式導入の理由としてあげられよう[5]。また，寄附金の額を増加させることを目的とするならば，現行の制度上では，所得控除よりも税額控除のほうがより効果的である。したがって，税収の減少ということだけに目をつぶれば，平成23年に寄附金に関して税額控除方式を認めたことは，適切な改正にしか映らない。

　しかしながら，現在もう一つ認められている所得控除としての寄附金控除は，実は所得概念の精緻化という理論的な理由と密接な結び付きがある。所得控除はさまざまな意味合いで認められており，寄附金控除の場合には，政策的な意味合いで認められているというのが一般的であるが，寄附金控除に関していえば，所得の精緻化としての側面を考慮して控除すべきとする議論がある。アンドリュース（Andrews）の議論がそれである[6]。アンドリュースの議論によれば，寄附金は，税制上の恩典ではなく，現実的で操作的な所得の定義からすると，当然差し引かなければならない費用となる。寄附金控除は，一般的には費用ではなく特別な恩典であると考えられており，租税支出に含められている。租税支出の範疇に属するものは，課税所得から特別に控除されたり，あるいは課税が免除されたりするものであり，いわば課税の原則的な取り扱いが適用されない項目である。しかし，アンドリュースによれば，寄附金は，特別な恩典ではなく，所得から当然差し引かれなければならない項目であるということになるのである。

　ヘイグ・サイモンズ（Haig-Simons）の所得概念は[7]，理想的な所得概念とされているが，抽象的で，解釈の余地を残している。アンドリュースは，サイ

モンズの所得の定義における消費（consumption）と累積（accumulation）という概念は，あいまいさを含んでいるとし[8]，現実の財とサービスの個人的な消費と累積として課税ベースを捉えている[9]。

　アンドリュースは，消費というのは"排他的な（preclusive）もの"に限定するとして，寄附を個人消費から除いている[10]。ヘイグ・サイモンズの定義における消費には，明らかに寄附が含まれるが[11]，アンドリュースの定義によれば，寄附は，その個人にもっぱら専属して他を排除する消費ではないという理由で消費から除かれ，課税されないことになる[12]。

　考えてみると，寄附を受けた側は，物質的な財やサービスという便益を受け取るが，寄附者は，寄附をしても物質的な満足は得られない[13]。寄附者が得られる便益は，あくまで非物質的な満足である。非物質的な満足を消費に含めるならば，たとえば女優の吉永小百合さんがボランティアで行っている原爆の詩に関する朗読会のような慈善的な行為（2012年には，被災地宮城県名取市でも開催された）までもが，課税されることになってしまう。このような慈善的な行為まで課税するというのは現実的ではないし，また心情的にも受け入れ難いのではないだろうか。

　本章は，二つの論拠，インセンティブを提供する手段としての寄附金控除と所得概念の精緻化としての寄附金控除を考察したものである。インセンティブを提供する手段としての寄附金控除ならば税額控除方式であり，所得概念の精緻化としての寄附金控除であれば所得控除方式であることを指摘したい。

第2節　インセンティブを提供する手段としての
　　　　寄附金控除

　カーン（Kahn）によれば[14]，アメリカにおいて所得控除が認められてきた理由として，次の三つがあげられるという[15]。一つ目は，個人的費用とビジネスにかかわる費用または損失との区別がはっきりせず，それゆえに認められてきたものである。二つ目は，特定のタイプの私的な支出を引き起こすためのイ

ンセンティブを提供するものである。三つ目は，経済的純所得を得るためというよりは，個人間の公平を維持するために控除されているものであり，不可避的でありかつ臨時的な支出をした人から，そのような費用が生じていない余裕のある人に税負担をシフトさせることにより公平を維持しようとするものである。

　寄附金控除を認める根拠としては，第2番目の寄附を促進するインセンティブとしての役割に求められるのが通常である[16]。いわば政策的な観点から，寄附金控除は認められているのであって，社会的に望ましい寄附を増やそうという政策を実現するため，寄附金控除という税制上の優遇措置を提供しているといわれている。

　寄附金控除は，寄附をした人に対する報酬と捉える見方もあり[17]，このインセンティブと報酬としての寄附金控除に関して，たとえばグードは，次のように述べている[18]。

　　　「慈善的寄附金控除の根拠は，所得に関する定義を精密にするとかま
　　　たは担税力の差をしんしゃくするとかいうよりも，むしろ社会的にみ
　　　て望ましいとされる活動を促進し，またはそれに対して報酬を与える
　　　ことであると普通いわれている。」

　さて，ひと口に租税支出といっても，その中身には違いがあって，およそ2種類に分類されるという見解がある。その2種類とは，インセンティブとしての機能が期待されているものと，課税の公平としての機能が期待されているものである[19]。インセンティブとしての機能が期待されているものは，配分的な（allocative）支出とよばれ，課税の公平としての機能が期待されているものは，分配的な（distributional）支出とよばれる[20]。配分的支出は，ある行動にやる気を出させたりあるいはやる気を失わせたりして，異なる活動間に資源をいかに配分するかという観点での支出であり，もう一つの分配的支出は，市民の間に便益や負担をいかに配分するかという観点での支出である。

　したがって，2種類の租税支出は，同じく租税支出といっても，配分的支出のほうは，その支出が生み出す行動が実際に望ましいかどうか，その支出が望

ましい行動を生み出す効果的な方法であるかどうか，そしてその望ましい行動
が現在の予算状況に照らして，歳入コスト（revenue cost）を正当化するのに
十分な優先事項であるかどうかを考慮して評価されるべき租税支出ということに
なる[21]。他方，分配的支出は，租税支出が提供する分配調整が租税システム
をより公平にしているかどうかで評価される租税支出ということになる[22]。

　寄附金控除は，前者の配分的支出のカテゴリーに入る。寄附金控除がとりや
めになることになると，寄附者は，そのことに反応して行動を変えることが予
想される。すなわち，寄附金控除が認められなくなると，その控除が認められ
ないことによって支払うことになる超過税金を考慮して，寄附者は，控除が認
められる場合よりも少ない金額の寄附を行うことが予想される[23]。逆にいえば，
寄附金控除が認められることにより，認められる寄附金控除よりも多い金額の
寄附を行うように，寄附者が行動することが期待されているのである[24]。

第3節　寄附金控除に関する二つの方法

　税額控除方式と所得控除方式には，税率に関連して，次のような相違がある。
税額控除方式は，算出税額から寄附をした金額に一定の調整をした金額が控除
されるため，適用される税率に関係なく軽減税額は同じになる。所得控除方式
は，所得金額から寄附をした金額に一定の調整を施した金額が控除され，適用
される税率によって軽減される税額に違いが生じる。

　歴史を振り返ると，上記の相違があるがゆえに，わが国における寄附金控除
制度が何度か変更されてきたのがわかる。

　わが国において，寄附金控除が採用されたのは，昭和37年で，そのときには
税額控除方式で導入されている。導入の際，諸外国においては所得控除方式で
あったのに，あえてわが国では税額控除方式が導入されている[25]。

　その理由は，以下のようなものであった[26]。わが国では，累進税率が適用さ
れているので，所得控除方式を採用すると，税率の高い高額所得者ほど寄附金

の控除額は大きくなり，高額所得者に有利になる。これに対して，税額控除方式を採用すると，同一金額の寄附をすると，少額所得者の場合ほど軽減割合は大きくなり，高額所得者が有利になるという問題を解決することができる。また，寄附金控除を認める場合は控除限度額が定められるが，税額控除方式のほうが所得控除方式よりも控除額が大きくなり，その制度としての効果を考えると，税額控除方式のほうが有効であるというものであった。

　上記の理由のうち，所得控除方式が高額所得者に有利で，いわば逆進的性格を有していることは，その後もしばしば継続して批判されている[27]。

　寄附金控除が導入された昭和37年，税額控除の金額は，次の（①-②）の20％で計算された金額であった。また，当時の税率は，8％から75％の15段階の刻みであった。

　①　特定寄附金の額または総所得金額等の10％相当額のいずれか低い金額
　②　総所得金額等の3％相当額または30万円のいずれか低い金額

　その後，昭和42年に税額控除から所得控除に改正されている。そして，当時の所得控除の金額は，次の（①-②）の金額を控除するというものであった。

　①　特定寄附金の額または総所得金額等の10％相当額のいずれか低い金額
　②　総所得金額等の3％相当額または20万円のいずれか低い金額

　税額控除の割合が納税者の税率よりも低い場合には，納税者にとっては所得控除が有利であり，それが昭和42年に寄附金控除が税額控除方式から所得控除方式に改正された理由である。昭和30年代，40年代当時は，現在に比べて相当高い税率が適用されており，したがって税率の高い高所得者層にとっては，税額控除よりも所得控除のほうが明らかに有利であった。昭和37年から始まった寄附金の税額控除の控除率20％は，当時の高い税率が適用される高所得者層にとっては，寄附をする強いインセンティブとなりうる控除率では決してなかった[28]。したがって，昭和42年に税額控除から所得控除に改正されたのは，より多くの寄附金を集めるという政策目的からすれば，当然の帰結であったといえる（昭和42年当時の税率も，9％から75％の15段階の刻みであった）。

　所得控除は，所得の高い人により便益を提供するものであり，不公平である

としばしば批判されるが，より多くの寄附を集めるという目的のために，公平性はこの時には犠牲になっている。

さて，現在の最高税率は45％であり，一方の税額控除の割合は寄附金額の40％であって，かつての状況と異なっている。わが国では，現在，所得控除と税額控除の選択適用が認められているが，税額控除を選択した場合にはその寄附をした金額の40％が控除されるので，多くの場合で納税者にとって所得控除よりも税額控除のほうが有利であり（もっとも，税額控除に関しては，対象団体が狭まる），所得控除ではなく税額控除を選択することになろう[29]。ちなみに，現在の所得控除と税額控除の計算方法を次に示しておく。

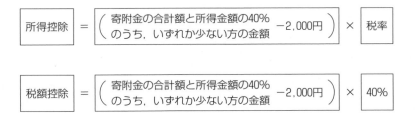

しかも寄附者の所得のレベルに関係なく，同様のメリットを提供する税額控除方式は，すべての人々に同様の寄附のインセンティブを引き起こすことができる。裕福になればなるほど寄附のインセンティブを受ける所得控除方式ではなく，裕福でない人にも平等に寄附のインセンティブを提供する税額控除方式を用いることで，寄附を受ける団体の種類も多様になることが期待される。

したがって，寄附金控除のインセンティブとしての効果を考慮すれば，現在のわが国の状況においては，税額控除方式が適切であるといえそうである。

加えて，インセンティブとしての寄附金控除は，税額控除方式と理念的に整合する。寄附金控除のような所得控除というのは，個人の事情を考慮した特別の控除であり，あくまで必要経費とは異なると一般的には考えられている[30]。また，寄附金控除は，本来，公共の利益になる諸活動に資金を提供するための税の軽減を通じた補助であり，間接的な補助金であると考えられる。このよう

に考えると，必要経費と同様の形で寄附金の額を所得から控除する所得控除方式よりも，利益の補助として税額から控除する税額控除方式と寄附金控除は適合する[31]。

しかしながら，本章で検討したように，所得の精緻化の観点から寄附金を控除する考え方も存在する。所得の精緻化と捉える考え方は，支払い能力を測る最もよい指標としての純所得を算出するために寄附金が控除されなければならないという考え方であり，この考え方から演繹的に導かれるのは所得控除方式としての寄附金控除である[32]。

アンドリュースが主張するように，寄附の控除は課税所得を適切なものにするために行われるという考え方に基づくと，採用されるべき方法は所得控除方式である。また，寄附は他の控除されるべき費用と同様ということになるので，制限が設けられる理由もない[33]。加えて，累進税率が採用されている関係で，所得が多い人ほど寄附金控除の便益を受けることになり，不公平であるというような批判を考慮する必要性も生じない。確かに，所得控除に逆進性ありとする批判は根強くあるが，寄附金が必要経費と同様のカテゴリーに入るものだとすると，寄附は他の費用と同様に所得から当然差し引かれるのであり，現在の累進税制の下で，所得の高い人ほど便益を受けても，それは通常の課税システムに従った結果に過ぎないと考えることができるのである[34]。

第4節　む　す　び

歴史を振り返ると，わが国では，当初税額控除であったものが所得控除に改められた項目がいくつかあり，税額控除と所得控除の違いというのは必ずしも明確ではない。扶養控除，障害者控除，寡婦控除，勤労学生控除，寄附金控除，そして生命保険料控除は，かつては税額控除であったが，所得控除に改められている。改められた理由は，簡素化や政策目的であったので，酒井克彦教授が指摘するように[35]，両者の理論的な垣根は必ずしも明確ではないという見解は，

筆者も理解できる。

　しかしながら，寄附は，アンドリュースが指摘するようにヘイグ・サイモンズの所得概念における消費に該当しないと考えれば，所得から控除して課税所得を計算するのはむしろ当然であると考えることができる。アンドリュースによれば，寄附は，衣食住に関連する支出と異なって，個人的な消費には該当しない項目であって，したがって所得には該当しない。

　本章で指摘したように，寄附は，一般的には，政府が提供する政策的なインセンティブを提供するものと考えられており，この考え方をとれば，現在のわが国では税額控除方式を採用するのが適切であると考えられるが，アンドリュースが指摘するように寄附を消費に該当しないと捉えれば，所得から控除する所得控除方式が適切であるということになろう。

　ヘイグ・サイモンズの所得概念は，経済学者の間で合意のあるものではあるが，この所得概念も絶対的なものではなく，いくつかの異なるバージョンが考えられる。サリーとアンドリュースは，ヘイグ・サイモンズの所得概念を基礎にはしているものの，帰属所得を考慮しない点で，ヘイグ・サイモンズの所得概念とは異なるバージョンの所得概念を考えていた。そして，サリーは，いわゆる間接支出を減らし，財政支出を削減するために，通常の税構造から逸脱した租税特別措置に基づく政府支出に"租税支出"という名称を付した。アンドリュースは，ヘイグ・サイモンズの消費概念のあいまいさに言及し，"排他的消費"のみに消費という名称を付し，これに該当しない寄附は消費概念からのぞき，所得から控除することを提案している。アンドリュースの所得概念は，収益との関連性を無視している点で筆者の費用収益対応を重視する立場とは相容れないが[36]，アンドリュースの所得概念も，明らかにいくつかある課税目的の所得概念の一つである。

　課税目的の所得として，ヘイグ・サイモンズの所得概念は，客観性が高く支持されている所得概念であるが[37]，アンドリュースの"修正バージョン"も一般には支持されていないものの，課税目的の所得概念の一つとして考慮する価値のあるものである。

【注】

（１）　Stanley S. Surrey & Paul R. McDaniel, Tax Expenditures 18 (1985) Harvard University Press Cambridge Massachusetts.

（２）　吉村典久「所得控除の意義について」税研136号16頁，2007年11月。

（３）　酒井克彦「寄付金控除の今日的意義と役割（中）」税務弘報第58巻第３号157，158頁，2010年３月。

（４）　財務省『平成22年度税制改正大綱』（平成21年）。

（５）　酒井克彦「所得控除と税額控除」税務弘報第58巻第３号108，109頁，2007年６月。

（６）　William D. Andrews, Personal Deductions in an Ideal Income Tax, 86 Harv. L. Rev. 309 (1972).

（７）　Henry C. Simons, Personal Income Taxation 51, 53 (1938) The University of Chicago press Chicago, Illinois.

（８）　Andrews, *supra* note 6 at 313.

（９）　*Id.*

（10）　*Id.* 314-315.

（11）　Simons, *supra* note 7 at 57, 58, 139, 140.

（12）　Andrews, *supra* note 6 at 346.

（13）　Andrews, *supra* note 6 at 314.

（14）　個人的費用とビジネスにかかる費用または損失との区別がはっきりせず，認められてきたものには，たとえば，利子費用，税金，災害損失などがこれに該当する。特定のタイプの私的な支出を引き起こすためのインセンティブを提供するものには，寄附金控除が，経済的純所得というよりは，個人間の公平を維持するために控除されるものには，医療費控除や子供控除が該当するという。Harry C. Kahn, Personal Deductions in the Federal Income Tax (1960) 12, 13 Princeton University Press, Princeton.

（15）　これに対して，Goodeは，所得控除が認められてきた理由が四つあるとし，次のように述べている。「所得控除のある種のものについては，これを認めた当初の理由がつまびらかでない。しかし控除には現在四つの主要な目的があると思われる。すなわち，⑴事業所得以外の所得を得るための費用である項目，あるいはこうした費用と区別することがむずかしいある種の項目について控除を認めること，⑵経済上の所得に対してもろに課税することから生ずるか酷さを緩和すること，⑶ある種の社会的に望ましいとされる活動を進んで支持するよう奨励すること，および⑷連邦制度における政府間の友好関係を推し進めることである。所得を得るために費用を控除するというのは，支払利子，育児費その他種種の少額の所得控除のほとんどすべてについての主な理由であると思われる。医療費と災害損失の控除はか酷さの緩和を図っているものである。慈善寄付金の控除は，主として，ある種の社会的にみて望ましいとみられる慈善団体とその活動を進んで支持させるための誘因と考えられる。州税と地方税の控除は，連邦制度におけるいざこざを少なくする一つの手段と

して分類されよう。選択により認められる概算支出控除は，個別控除に代わるべき
ものであり，さらに最低所得層にあっては，人的控除の補完的な措置に相当する。」
Richard. Goode, The Individual Income Tax,（1964）156, 157 The Brookings
Institution, Washington, D. C：塩崎潤訳『個人所得税』（日本租税研究協会・1966年）
166－167頁。

(16)　金子宏『租税法（第12版）』（弘文堂・2007年）169頁。

(17)　「……。ひとつは，寄付という望ましい行為を行なった人に対する報賞（reward）
として，所得税を軽減する措置を与える，というものである。いまひとつは，寄付と
いう望ましい行為を人々が行なうことを促進するため，所得税を用いた誘因（incentive）
を与えるというものである。報賞は，すでになされた寄付行為に対する恩典であり，
誘因は，これからなされるであろう寄付行為を促進するための恩典である。いずれも，
税制を通じた恩典として寄附金控除をとらえており，視点が異なるにすぎない。」増
井良啓「所得税法から見た日本の官と民－寄附金控除を素材として」江藤憲治郎編
『融ける境超える法３市場と組織』（東京大学出版会・2005年）44頁。

(18)　Goode, *supra* note 15 at 169, 170：塩崎訳・前掲注(15)181頁参照。

(19)　Daniel Shaviro, Rethinking Tax Expenditure and Fiscal Language, 57 Tax L. Rev.
187, 188（2004）.

(20)　*Id.*

(21)　Gregg D. Polsky, Symposium: On Federal Budget and Debt Reduction：Rationally
Cutting Tax Expenditure 50 U. Louisville L. Rev. 643, 644（2012）.

(22)　*Id.*

(23)　*Id.* at 647, 648.

(24)　*Id.*

(25)　岡崎一郎「所得税法の一部改正について」税経通信第17巻第６号20頁，1964年４月。

(26)　同上，同頁。

(27)　たとえば，増井良啓教授も次のように述べている。「報賞や誘因の考え方を根拠と
する場合，果たして，寄付者に対する所得控除の形をとることは妥当か，というの
も，寄付金を所得から控除することは，高額所得者に有利に働く。しかし，等しい
額の寄付を行なっているにもかかわらず，高額所得者に対してより大きな報賞を与
えることは，合理的であろうか。また，高額所得者により大きな誘因を与えること
は，社会における富者の選考をより重視する結果を生むことにならないか，むしろ，
貧者の一灯をこそ大切にし，育むべきではないか，もしこのように考えるならば，所
得控除の形をとるよりも，税額控除の形をとる方が，筋が通っているということに
なる。」増井・前掲注(17)45頁。

(28)　「寄付金控除につきましては，従来は税額控除の方式をとっていたのでありますが，
制度が複雑であるばかりでなく，所得の多寡にかかわりなく軽減割合が変わらない
ことも寄付者の心理に適合しないきらいがありまして，折角の意図がそがれるとい
う批判もありました。そこで，これらの不合理を除去するとともに，制度の簡素化
と私学その他に対する寄付をしやすくするという趣旨をも含めて，これを所得控除

に改め，その実情に即するよう措置することになりました。」掃部実「所得税法の改正」『改正税法のすべて』国税速報2023号19頁，1967年。

(29) もっとも，45％税率の適用を受ける納税者は，所得控除の方が有利な人が存在し，所得控除を選択する人もいるだろう。寄付金の税額控除と所得控除の選択性に関しては，次の文献を参照されたい。奥谷健「寄付金税制の現状と課題－個人所得税」税研第26巻6号36頁，2011年5月。

(30) たとえば，水野忠恒教授は，次のように述べている。「必要経費等とは，事業との関連性のある支出，もしくは，所得を生ずるために支出した費用であり，投下資本の回収部分に該当するのであるが，これに対して，所得控除とは，納税者の個人的支出であり，本来，所得の消費にあたるものである。居住者またはその者と生計を一にする配偶者の親族で一定のもの（所税令205条以下）については，担税力を減殺する事情のある場合に，その控除を認めるとされる。」水野忠恒『租税法（第3版）』（有斐閣・2007年）256頁。

(31) Kahn, *supra* note 14 at 88.

(32) *Id.*

(33) 「寄付金控除は，控除と総所得の課税所得への精緻化との関係が示される場合のみ正当化されるであろうし，また仮にそうであるならば連邦税制のもとで，控除可能な金額を制限する理由もおそらくほとんどないであろう。」*Id.*

(34) 「第二の前提に基づくと，贈与のコストは，貧しいものよりも，富んだものの方が少ないという議論は，ほとんど価値を持たない。」*Id.*

(35) 酒井・前掲注（5）104頁。

(36) 小池和彰「給与所得者の必要経費－費用収益対応の観点から－」會計第169巻第4号，2006年4月。

(37) Goode, *supra* note 15 at 28.

第 4 章

所得概念の精緻化の観点からの
医療費控除の範囲

第1節　はじめに

　医療費控除の根拠には担税力があるが，担税力と異なるもう一つ別の見解がある。それは，医療費というのは，納税者が望んで支出したものではなく，納税者を健康な状態に戻すために支出されたものであり，したがって消費ではないから控除されるべきであるというアンドリュース（Andrews）が提唱する見解である [1]。

　この観点からすると，たとえ少額であっても，あるいは医師の治療は伴わなくても，医療費控除の範疇に支出した医療費が含まれると考えることができる。現在，風邪薬は医療費控除の対象とされているが，風邪薬に関する支出は通常は少額であって，本来は基礎控除の範囲で賄われるべきとの見解が根強い [2]。あるいは，一般的には，医師の治療がなされてはじめて医療費控除が適用されるとされている [3]。しかし，健康な状態に戻すための支出が医療費控除の対象となると考えると，少額の風邪薬も，そして医師の治療がなくても，これらの支出は医療費控除の対象となると考えることができる。

　また，健康な状態というのは，自分自身の身体を回復させるという意味でのみ捉えられているが [4]，健康な状態に戻すために必要な自分以外の何らかの付属設備も医療費控除に含めてよいのではないか。すなわち，何らかの付属設備が健康な状態に戻すために有効であるとするならば，その付属設備は，他の医療費支出と同様に医療費控除の対象となると考えるのが自然ではないか。

眼鏡等の支出が医療費控除の対象となるかどうかが争われた裁判に，いわゆる藤沢メガネ訴訟がある。この訴訟において，眼鏡等の費用は異常ではなく一般的な支出であり，医師の治療も伴わず自分自身を健康状態に戻すためのものではないなどの理由で，医療費控除は認められないとされている。わが国では，通達において，眼鏡等に類似する，義手，義足，松葉づえ等の費用が，医療費控除の対象とされている[5]。また，アメリカでは，これに加えて，眼鏡が医療費控除の対象とされている[6]。しかし，上記の裁判では，眼鏡等の費用は医療費控除の対象とはされなかった。

　しかしながら，アンドリュースが提唱する，担税力とは異なるもう一つの医療費控除の根拠からすれば，義足，松葉づえ等と同様に眼鏡等の費用も，医療費控除の対象になるのではなかろうか。

　本章では，アンドリュースの医療費控除の根拠から，医療費控除について検討してみたい。まず，医療費は消費であって，ヘイグ・サイモンズ（Haig-Simons）の定義からすれば，本来課税されるはずの租税支出に分類されるという見解から始めて，続いて，これに反して医療費は消費ではないから，所得からの控除を認めるべきとするアンドリュースの医療費控除の論拠を明らかにする。そして，その論拠に基づけば，眼鏡等の費用が医療費控除の対象となるのではないかということを筆者は明らかにしていく。

第2節　担税力を根拠とする医療費控除

　サリー（Surrey）は，多くの税法の規定が租税の原則から逸脱している特別規定であることを指摘し，この特別規定に基づいて認められている支出を租税支出と称した[7]。この租税支出に該当する項目は，直接支出ではなく間接支出であるために目立たないが，実質は政府が支出したものと考えることができ，隠れた補助金とみることもできる。サリーは，このいわば隠れた補助金に目をつけ，財政支出を削減しようとした。

　また，サリーは，非課税あるいは控除といった方法の租税支出は，低所得者層よりも高所得者層に恩恵を与え，納税義務を持たない人にはまったく恩恵を与えない，逆さまの補助金としての性格を有し不公平であると主張している[8]。

　本章で取り扱われている医療費もそのなかの一つで，サリーは，医療費を租税支出に含めてその正当性を主張している。サリーは，多くの経済学者は，一般に認められた所得の定義によると，医療費は，寄附金と同様に租税支出に分類しているとし，その理由として，これらの費用が所得稼得に貢献していないことをあげている[9]。

　　「租税支出概念を検討した何人かの著者は，いくつかの個人的な費用を租税支出として分類することを受け入れることに難色を示している。通常のターゲットは，寄附金と医療費の控除である。批評家のうち何人かは，これらを消費項目とは考えない。しかし多くの経済学者達は，これらを消費とみることにほとんど問題はないと考えている。それゆえこれらの控除は，租税支出として適切に分類される。租税支出の批評家達は，"支払能力"アプローチを用いて，通常医療費と雑損失を誤った分類の例として挙げる。しかしこれらの項目は，所得を生み出すコストではない。それゆえ，租税支出としてこれらを分類することは正しい。」

　もっとも，サリーは，病気を有している家族と病気を有していない家族との支払能力を等しくするという点では，医療費控除は適切であるという見方をする論者もいるとし，次のように述べている[10]。

　　「述べなければならないもう一つ別のアプローチは，病気を有する家族と病気を有しない家族との間の所得税の"支払能力"を等しくするのに必要であるから，その控除が，結局，所得税の下で適切であるという見方である。この見解の支持者たちは，医療費控除を租税支出として挙げることには同意するであろう。なぜなら，彼らは，サイモンズの所得の定義を受け入れ，またこの定義の下では，資金が治療のために使われたという事実が，所得の金額を減少させないということを認

識しているからである。この意味で医療費控除は，所得税における理論的に必要な控除ではない。しかしこの見解の支持者たちは，この特定の租税支出は政策的な理由で適切であるととらえている。なぜなら，彼らは，治療に関していえば，所得は，支払能力の不適切な尺度あるいは，上記二つの家族の水平的公平の不完全な尺度であるからである。」

第3節　所得概念の精緻化を根拠とする
　　　　医療費控除の範囲

　医療費控除の範囲を画定する際に，所得概念の精緻化の観点から考えることは，有効な手段ではないかと筆者は考える。一般的には，医療費控除の根拠というと，担税力への配慮があげられる。また，医療費が消費か否かに関しては，当然異論もあろう。しかし，担税力への配慮という観点は，支出負担の金額ばかり強調されるだけになる恐れがあって，医療費の内容の判断基準として適しているとはいいがたい。

　所得概念の精緻化の観点から医療費控除制度を考察することの有用性に関して，佐藤英明教授は，次のように述べている[11]。

　　「『消費』か否かというのは漠然とした基準であるとの批判はありうるが，医療費は人が通常の健康状態に復するために余儀なくされる支出であって，『消費』ではなく，したがってそれに充てられた支出は課税所得を構成しないから，その支出を控除するための制度が医療費控除であると考えることは，この制度の内容や運用を評価し，また，解釈論・立法論の両面で制度を議論することに有益な視点であると考えられる。」

　所得概念の精緻化の観点に基づけば，健康状態に戻すためだけの医療費の支出は控除されるが，単なる健康状態に戻すのではなく，必要性のない治療を施すための支出は，医療費としての控除は認められないことになる。したがって，この観点からすると，たとえば治療のための豪華な個室や施設，高名な医者に

60

対する支出は，ただ健康状態に戻すためだけの支出にはあたらないので，医療費控除の対象とはならない。

　また，この観点に基づけば，担税力配慮の観点ではないので，たとえその金額が少額でも，必要な治療で健康状態に戻すためだけの支出であれば控除されることになる。したがって，たとえば風邪薬などは，少額ではあるけれども医療費控除の対象になるといえるのではないか[12]。風邪薬の場合は，確かに飲まなくても治癒してしまう場合も多く，飲まないで済ませることも可能である。しかし，風邪薬に関する支出は，通常の健康状態に戻すことと密接な関係にある支出であるから，この観点からすれば医療費控除の対象となるのではないか。

　同様に，この観点からすれば，200万円であろうが，あるいは300万円であろうが，健康な状態に戻すために必要な支出であれば，医療費控除の対象となる。したがって，現在あるような上限（200万円）は必要ない。健康な状態に戻すためだけの支出であれば，消費に該当しないのであるから，当然医療費控除として認められるべきであって，そもそも上限など必要ないのである[13]。

　さらに，この観点からすれば，医師の介在も必ずしも必要ないのではないか。医師が介在していたほうが，医療費としての客観性は確かにある。しかし，本人を健康状態に戻すために支出された金額であれば，医師の治療は伴わなくても医療費控除の対象となるのではないか。

第4節　藤沢メガネ訴訟

　藤沢メガネ訴訟（横浜地裁平成元年6月28日判決・昭和61年（行ウ）第1号・同62年（行ウ）第4号所得税更正処分取消請求事件）とは，近視等の目の屈折異常を強制するためにメガネ及びコンタクトレンズを購入した場合のその費用等が医療費控除の対象となるかどうかが争われた事例である。

　原告は，自己の近視及び乱視を矯正するために，昭和58年11月に，近視用コンタクトレンズと乱視用メガネをそれぞれ4万900円，7万5,200円の合計11万

6,100円で購入した。原告は，昭和58年分の所得税申告に際して，医療費控除にこれらの金額を含めて申告した。これに対して，被告の所轄税務署長は，本件眼鏡等の費用は，所得税法73条に規定する医療費に当たらないとして，これらの金額を除外して医療費控除の金額を算定し，本件更正処分を行っている。原告は，この更正処分に対して異議申し立て及び審査請求を経て本訴におよんでいる。

　被告は，次のような理由で，眼鏡等の費用は，医療費控除の対象とはならないとしている。

　　医療費控除制度は，シャウプ勧告を受けた税制改正によって医療費が多額で異常な支出となる場合における担税力の減殺を調整する目的で創設されている。わが国において近視等を矯正するため眼鏡等を装用することは，一般的な現象で常態ともいうべき状況にあり，右装用に要する費用は異常な支出とは考えられていない。

　　近視等による眼鏡等の装用は，社会通念に照らしても治療とはいえず，眼鏡等の購入費用等は，法及び施行令の規定及び特別な場合を除いて医療費控除の対象とはならない。

　　所得税基本通達73－3の(2)には，「自己の日常最低限の用をたすために供される義手，義足，松葉づえ，補聴器，義歯等の購入のための費用」と記載されている。しかし，基本通達73－3は，あくまで医師等による診療や治療などのために直接必要な費用に限定してこれを例示しているのであって，日常最低限の用を足すために供される義手等の購入のための費用であっても，医師等の診療等にかかわりのないものについては医療費控除の対象とならない。

　これに対して原告は，次のような理由で，眼鏡等の費用は，医療費控除の対象となるとしている。

　　医療費控除制度創設の趣旨である担税力を減殺すべき「異常な支出」とは，本来支出しなくてもよい費用，すなわち病気に罹患したために支出する費用をいうのであって，眼鏡等の購入費用等はこれに該当する。眼鏡等

を装用することが一般的であるという理由で，眼鏡等の費用が医療費控除の対象とならないとすることは，医療費控除の趣旨を逸脱した解釈であり，風邪薬が医療費控除の対象とされていないこととも矛盾する。

　所得税基本通達73－3の(2)で規定されている「義手，義足，松葉づえ，補聴器，義歯等の購入のための費用」に，眼鏡等が含まれるのはいうまでもない。

　屈折異常によるところの身体の構造機能の欠陥を是正してより正常に近い状態に戻すためには，眼鏡等の装用が必要不可欠であり，薬事法2条4項に基づいて定められた医療器具として眼鏡等は記載されており，眼鏡処方は法的に定められた医療行為である。眼鏡等の購入費用等は，社会通念上も医療費であり，生計費の範疇には属しておらず，アメリカ合衆国では，近視等の補正のために装用する眼鏡の購入費用等を松葉づえ，補聴器，義歯等と同様に医療費控除の対象としている。

しかしながら，藤沢メガネ訴訟では，眼鏡等の費用は，医療費控除の対象にはならないとしている。

藤沢メガネ訴訟では，本件における治療が，眼そのものの機能を回復せしめるものであれば医療費控除の対象となるが，本件の場合には，眼鏡等は目の屈折異常を矯正するためにのみ用いられ，眼の機能それ自体を医学的な方法で正常な状態に回復させるというものではないと指摘している。

当初は，医療費性が明確でかつ控除の対象とすることに問題のない医師等に対する診療等の対価に医療費の範囲が限定された（所得税法施行令207条）。しかし，その後の社会制度の充実や医療技術の進歩に伴って，この規定による医療費よりもこれに付随ないし関連する費用の負担のほうが重くなって，基本通達73－3により控除される医療費の範囲を拡大して，医療費控除制度の趣旨を税務の執行面に反映させることにしている。

しかし，藤沢メガネ訴訟は，基本通達の定めは，あくまで所得税法施行令207条の規定による制約の範囲内にとどまるべきであり，基本通達の定める医療費の範囲が施行令に定められている「医師等による診療等」を受けるために直接

必要な費用に限定されるのはいうまでもなく，医療用具についても医師等が自ら行う治療等のために使用することが予定されているものに限られ，医師等による診療等にかかわりなく購入された義手，補聴器等の医療用具の購入費用はこれに該当しないとしている。

また，藤沢メガネ訴訟は，眼鏡等の装用及びその前提としての検眼の費用は，法及び施行令の立法段階において，医療費としては把握されず，医療費控除の対象とされていなかったと考えるのが自然であって，このことは，その後の長年の徴税実務の実態において眼鏡等の医療費控除が行われていないことや，法及び施行令の改正において眼鏡等の購入費用等について医療費控除の適用をうかがわせるようなものもなく，基本通達においても眼鏡等を特に除外していることからも，間接的にうかがえるとしている。

所得税法73条１項は，医療費控除の概要を規定し，自己又は自己と生計を一にする配偶者その他の親族に係る医療費を支払った場合において，その年中に支払った当該医療費の金額の合計額が一定の金額を超える場合には，居住者は，その超える部分の金額をその年分の総所得金額，退職所得金額又は山林所得金額から控除しうるとしている。また，この規定でいう医療費の意義について同条２項は，医師又は歯科医師による診療又は治療，治療又は療養に必要な医薬品の購入その他医療又はこれに関連する人的役務の提供の対価のうち通常必要であると認められるものとして政令で定めるものと規定している。これを受けて所得税法施行令207条は，次に掲げる対価のうち，その病状その他財務省令で定める状況に応じて一般的に支出される水準を著しく超えない部分の金額を所得税法73条２項にいう対価としている。

(1) 医師又は歯科医師による診療又は治療

(2) 治療又は療養に必要な医薬品の購入

(3) 病院，診療所（これに準ずるものとして財務省令で定めるものを含む。）又は助産所へ収容されるための人的役務の提供

(4) あん摩マッサージ指圧師，はり師，きゅう師等に関する法律第３条の２に規定する施術者又は柔道整復師法第２条第１項に規定する柔道整復師に

　　よる施術

(5)　保健師，看護師又は准看護師による療養上の世話

(6)　助産師による分べんの介助

(7)　介護福祉士による社会福祉士及び介護福祉士法第2条第2項に規定する
　　喀痰吸引等又は同法附則第3条第1項に規定する認定特定行為業務従事者
　　による動向に規定する特定行為

　所得税法施行令207条では，上掲のように，医師又は歯科医師のほか，医師，歯科医師以外のものによる人的役務提供が規定されているのである。

　藤沢メガネ訴訟においても，これらの規定どおり，医師による治療にこだわり，眼鏡等の費用は医療費控除に含まれないとしている。

　また，藤沢メガネ訴訟では，通達では幅広い範囲で医療費控除を認めたものとなっているにもかかわらず，眼鏡等の費用はこれに含まれておらず，当初から眼鏡等は医療費控除の対象とされてこなかったことが指摘されている。確かに，眼鏡等の費用は，何らかの身体機能を補う費用という意味において，義手，義足，松葉づえ，補聴器，義歯等の費用と何ら変わるところがないのであるが，通達では医療費控除の対象に含められてはいない[14]。

　判例評釈は，藤沢メガネ訴訟の判断に肯定的な見解がほとんどである[15]。ほとんどの判例評釈は，法律，法令，通達において，医師の治療が求められているので，医者の治療が介在しない眼鏡等の費用は，医療費控除の対象とはならないとしているのである[16]。

　また，義手，義足，松葉づえ，補聴器，義歯等の費用が医療費控除の対象に含まれている基本通達73－3(2)は，法解釈の範囲を逸脱しているという岩崎政明教授の次のような指摘もある[17]。

　　　「しかし，ここに通達の掲げる義手等の購入費用を医療費控除の適用
　　範囲に含めることは，前述した法令上の医療費の定義からすれば，む
　　しろ本来は法解釈の範囲を逸脱しているといえるのではあるまいか。な
　　ぜなら，これらの義手等の購入費用は，症状を治癒させ，本来の機能
　　を回復させるために要する費用ではなく，機能の喪失を補正するため

に要する費用だからである。」

　しかしながら，アンドリュースの医療費控除の根拠からすると，眼鏡等の費用も医療費控除の範疇に入ると解釈することができるのではないか。確かに，わが国では，一般的に所得控除は，担税力に対する配慮であるとの認識が根強い。また，医療費に該当するかしないかを明確にしておかないと，制度運営上混乱をきたすからであろう。所得税法73条，同法施行令207条は，医療費控除の条件として，医師等の治療を求めている。しかし，担税力のみを根拠とせず，本人を健康状態に戻すための支出という点にも着目するアンドリュースの考え方に基づくならば，少額であり，医師等の治療は伴わないが，眼鏡等の費用も医療費控除の対象となるのではないか [18]。

　また，アンドリュースの考え方は，納税者本人を健康状態に戻すための本人以外の何らかの付属物にまで拡張しうるのではないか。眼鏡等の費用は，本人そのものの健康状態を回復させるための支出では確かにないが，本人の病気を緩和する，あるいは改善するための費用であることは間違いない。本人の健康状態の回復に明らかに役立っている眼鏡等の費用を医療費控除に含めることは，アンドリュースの医療費控除の根拠に反することはなく，むしろその延長線上にあるのであって，アンドリュースの医療費控除の根拠に基づけば，本人の健康状態を保つための付属物である眼鏡等の費用は，医療費控除の対象となるといってよいのではないか。

第5節　む　す　び

　所得税法施行令207条1項において，「その病状……に応じて一般的に支出される水準を著しく超えない部分の金額とする」と規定されていることに関して，疑問を持つ向きがある [19]。

　その理由としては，医療費控除を医療費に対する支出が多額になった場合の担税力への配慮と捉えると，医療費の範囲に属する支出であれば，一般的に支

出される水準を超えた場合にはむしろ控除を認めるべきであると解釈することができるからである。

　やはり，この207条1項の規定は，金額的に高額だと控除が認められないというのではなく，たとえ高額でも必要とされる医療費であるならば，控除が認められるという意味に解釈すべきではないか。健康な状態に戻すために一般的に必要な支出は，医療費控除として所得から控除できるという考え方は，本章で取り上げたアンドリュースの考え方と整合性がある。

　実務参考書において，急を要するためヘリコプターで病院に収容されなければならないケースにおけるヘリコプターの利用料は，医療費控除の対象となるかという問いがみられる[20]。これに対して，ヘリコプターで運ばなければならないような状況にあったならば，ヘリコプターの利用料は医療費控除の対象となるとその実務参考書は答えている。この医療費控除に関する解説も，不健康な納税者を健康状態に単に戻すためであれば所得から医療費を控除できるというアンドリュースの考え方とやはり整合性がある。

　健康状態の回復というアンドリュースの観点からすると，眼鏡等の費用は所得から控除できると本章では結論付けたが，アンドリュースの観点に基づいて考えると，たとえ眼鏡等の費用が医療費控除の対象となったとしても，高額な眼鏡フレームは，医療費控除の対象から除外されると筆者は考える。なぜならば，アンドリュースの観点からすると，値段が高い眼鏡フレームは，値段が高いから認められないというのではなく，健康状態に戻すために一般的に必要な支出であるとは考えられないから，医療費控除として認めるべきではないということになるからである。

　横浜地裁では，眼鏡等を装用している者が4,000万人にも上ることが指摘されており，玉國文敏教授が指摘しているように[21]，この指摘は，これらの人々に医療費控除を認めると，控除対象者が急増することを暗に示していると考えられる。これに対しては，政策的な問題で，義手や義足，義歯は認めるのに，眼鏡等は認めない正当な理由にはならないが，もし仮に眼鏡等の費用が医療費控除の対象になるようなことがあれば，この政策的（財政的）な問題が，クロー

ズアップされることが容易に予想される。

【注】

（1） William D. Andrews, Personal Deductions in an Ideal Income Tax, 86 HARV. L. REV. 3（1972）.
（2） 佐藤英明「雑損控除と医療費控除－制度の性格と内容－」税研136号39頁，2007年11月参照。
（3） 藤沢メガネ訴訟（横浜地裁平成元年6月28日判決・昭和61年（行ウ）第1号・同62年（行ウ）第4号所得税更正処分取消請求事件）参照。
（4） 岩崎政明「医療費控除の適用範囲－メガネ・コンタクトレンズの購入費用及び検眼費用」ジュリ第967号103頁，1990年11月。
（5） 所得税基本通達73－3。この通達において，義手等の購入費用が医療費控除の適用対象となっていることに関して論じた文献として，岩崎政明『ハイポセティカル・スタディ租税法』（弘文堂・2010年）239－255頁がある。
（6） Treas. Reg. § 1.213-1(e)(1)(iii). もっとも，これについては，アメリカでは，人間を人的資産と捉えており，我が国とは制度が異なるとの見解がある。佐々木潤子「医療費控除の対象となる医療費の判断基準－アメリカを素材として－」税法学第541号79頁，1999年5月。
（7） Stanley S. Surrey, Tax Incentives as a Device for Implementing Government Policy : A Comparison with Direct Government Expenditures, 83 HARV. L. REV. 705, 706（1970）. : 田島裕訳「政府の政策目的の実現のために手段としての租税誘引措置－政府の直接支出との比較－」租税法研究第1号4頁，1973年10月。
（8） Id. at 720－725. : 田島訳・前掲注（1）24－28頁。
（9） Stanley S. Surrey & Paul R. McDaniel, Tax Expenditures 205, 206(1985) Harvard University Press Cambridge Massachusetts.
（10） Stanley S. Surrey, Pathways to Tax Reform 21, 22(1973) Harvard University Press, Cambridge Massachusetts.
（11） 佐藤・前掲注（2）39頁。
（12） これに対して，佐藤英明教授は，所得概念の精緻化の観点からすると，風邪薬は医療費控除の対象とならないと述べている。「……，医療費控除を所得計算上の原則的な制度であると考える立場からは，医療費の支出は個人にとって余儀ないもので選択の余地がなく，その支出によって他の自由な消費を行う余地が減るのであるから，本来「所得」としては課税すべきではなく，このことを実現するための制度が医療費控除であると理解されることになる。そして，この立場に立つ場合の重要なポイントとして，支出をしてもしなくてもよいような場合－そのための支出は納税者の選択によるものであって「消費」にあたる－を医療費控除の対象から除く必要性が指摘される。その1つの典型例は前述した鼻風邪の例のような軽微な疾病などであり，通常，そのために必要な医療費は少額であると考えられよう。したがって，

この立場からは，現行制度において原則として10万円以上の医療費のみを控除の対象としていることは，それ以下の医療費は人が生活を送る上での通常の支出であり，消費と考えることが適当な範囲として位置付けられることになる（そのような少額の医療費は基礎控除によって対応されていると考えてもよい）。」佐藤・前掲注（2）38-39頁。

(13)　佐藤英明教授は，わが国で200万円の上限がついていることに関して，200万円を超えるような多額の医療費というのは，不必要な医療費が支出される可能性があるため設けられているといわれているが，医療費控除の対象となる医療費を消費に当たらないものに限定すれば，制度の濫用が防げるとしている。佐藤教授は，次のように述べている。「医療費控除の上限額は，「富裕な納税者が温泉，休暇，旅行等の費用をこの規定を悪用して控除することを防止する趣旨」としたシャウプ勧告に由来するとされているが（参照，武田監修・前掲注（8）4675頁），控除の対象となる医療費を「消費にあたらないもの」に限定すれば，このような制度の濫用は防げるものと考えられる。」佐藤・前掲注（2）42頁・脚注（9）参照。

(14)　玉國文敏「医療費控除の範囲と限界－通達課税の一側面－」塩野宏ほか『雄川一郎先生献呈論集・行政法の諸問題（下）』（有斐閣・1990年）688頁参照。

(15)　たとえば，次のような文献を参照されたい。北野弘久「メガネ，コンタクトレンズの購入等と所得税法にいう医療費控除」『社会保障判例百選（第2版）』79頁，1990年11月；藤宗和香「眼鏡等の購入代価・検眼料と医療費控除」税務弘報第38巻第6号117頁，1990年5月；星野英敏「近視等の眼の屈折異常を矯正するための眼鏡及びコンタクトレンズの購入費用並びに眼の屈折検査及び眼鏡等の処方の費用について，所得税法七十三条の医療費控除の適用はないとされた事例」訟月第35巻第10号156頁，1989年10月。

(16)　玉國文敏教授は，横浜地裁の判断に批判的である。玉國・前掲注(14)688-670頁参照。

(17)　岩崎・前掲注（4）104頁。

(18)　玉國教授は，眼鏡等の費用について，医者の治療を伴う場合には，医療費控除と認めるとする解釈や制度運用も考えられるのではないかという指摘をしている。前掲注(14)690頁・注(47)。

(19)　酒井克彦「所得税法上の医療費控除の意義と射程範囲（上）－先例的取扱いの重圧と緩和通達－」税務弘報第55巻第8号108-109頁，2007年7月。

(20)　河合厚編『医療費控除と住宅借入金等特別控除の手引き』（大蔵財務協会・2007年）57頁。

(21)　玉國・前掲注(14)689頁。

第 5 章

東日本大震災で明らかになった
雑損控除の課題

第1節　はじめに

　2011年3月11日東日本大震災が発生し，東日本に住んでいた人々は，津波等により甚大な被害を被った。翌日の3月12日の地元新聞は，当時の様子を次のように伝えている[1]。

　　　「東北・関東大震災の直撃を受けた東北では，岩手，宮城，福島3県
　　　の太平洋沿岸を中心に，津波や土砂崩れ，建物崩壊などにより，死者，
　　　行方不明者が多数に上った。3県などによると11日午後11時現在，死
　　　者は少なくとも81人。名取市や陸前高田市などでは，一部地域が津波
　　　で壊滅状態になっており，各自治体は不明者の救出と被害状況の確認
　　　を急いでいる。電気，ガス，水道は寸断された状態が続いている。」

　今回のような大災害が，わが国で，今後起きないと考える楽観的な人はおそらくいないだろう。わが国のどこかで，また，大災害が起きると考えることのほうが自然であろう。

　過去の大災害の経験から建てられた石碑が，大津波から住民を救ったという，同じ地元紙の報道もあった。岩手県の宮古市の姉吉地区では，「此処（ここ）より下に家を建てるな」という石碑（大津浪記念碑）があり，その石碑の教えに従ったため，沿岸部の家々が津波で流された宮古市にあって，ここだけは，建物被害が1軒もなかったという[2]。

　われわれの記憶に残る大災害として，他に阪神・淡路大震災があり，その時

もそして今回も，大災害に関連した税制が注目を浴びている。その税制とは，雑損控除と災害減免法である。そして，とりわけ注目を浴びたのが，前者の雑損控除である。雑損控除と災害減免法は選択適用になっていて，どちらか有利なほうを選択すればよい。現場の税理士は，試算を行って，雑損控除と災害減免法の選択をしたと考えられる。災害減免法は税額控除であり，雑損控除は所得控除であって，どちらかというと通常メリットがあるのは税額控除である。その意味では，災害減免法のほうが有利であるという印象があるかもしれない。しかし，現実には，雑損控除のほうが災害減免法よりも納税者にとって通常は有利であり，今回も雑損控除が選択された場合が多い。

　まず，雑損控除には所得制限はないが，災害減免法には所得制限があり，災害があった年の所得金額の合計額が1,000万円以下の者に限定される。また，災害減免法の減免額は，合計所得金額が500万円以下の場合には所得税額が全額免除されるが，500万円を超え750万円以下の場合には2分の1しか軽減されないし，また750万円を超え1,000万円以下の場合にあっては4分の1しか軽減されない。さらに，災害減免法の場合は，災害損失を繰り越せない。

　災害損失が多く，その災害損失が控除できるだけの所得がある場合は，繰り越せる雑損控除のほうが災害減免法よりも有利になる。

　大抵の場合は，雑損控除のほうが災害減免法よりも納税者にとって有利になるという情報が，納税者に十分伝わってはいない。増山裕一准教授は，災害減免法と雑損控除の有利不利の試算を行い[3]，その試算した結果から，両者の選択が可能ということのみではなく，多くの場合において雑損控除のほうが有利であるという情報が提供されなかったことを指摘している[4]。

　このような問題以外に，東日本大震災以後，雑損控除に関する重要な課題のいくつかが明らかになっている。もちろん，過去の歴史から，あるいは何らかの理由があって，雑損控除という制度が成立しているので，それを全く無視することはできない。しかし，今回の大震災を機に，雑損控除の今後の在り方について再度検討してみる価値はあろう。岩手の宮古市の石碑が住民たちを救ったように，今回の大震災に関する税制面の経験を将来に向けて活用すべきであ

ろう。

　たとえば，雑損控除と災害減免法の組み合わせ適用を受ける場合の所得税と住民税の申告順序がある。すでに述べたように，東日本大震災のように個人が災害等により住宅や家財等に損害を受けた場合には，災害減免法によるものと所得税法の雑損控除によるものとの２種類があり，いずれか有利なほうを選択して，所得税の全部または一部を軽減することができることになっている。そして，所得税と住民税で，これらの方法を別個に適用することができるようになっている。すなわち，住民税では災害減免法を適用し，所得税では雑損控除を適用するといったことが可能なのである。しかし，この場合は，所得税の申告書の提出日前に住民税の申告書を提出することが要件となっている（地方税法317条の３）。阪神・淡路大震災の際には，この要件を満たすことができずに混乱が生じた。今回は，以前ほどではないものの，この申告順序に関する情報が十分提供されていないという増山准教授の指摘がある[5]。

　もっとも，これら二つのことよりも雑損控除の課題として挙げられるべきなのは，足切額と所得控除の順番に関する問題である。

　足切額に関しては，所得金額の10％は雑損控除を受けることができないので，被災者の観点から疑問が持たれている。この10％の足切額は，シャウプ（Shoup）勧告によると，税務当局の負担を緩和するためということである[6]。寄附金控除の足切額の2,000円に関する疑問ほどではないが，多くの被災者は，今回のような大震災の際に全額雑損控除が認められないことに疑問を持った。

　また，所得控除には順番があり，雑損控除がまず適用され，続いてその他の控除が適用されることになっている[7]。これは，雑損控除が，災害などにより生じた損害につき繰越控除できることになっているためであるといわれている[8]。所得が少ない納税者は，基礎控除や，扶養控除，生命保険料控除は，翌年以降への繰り越しが認められず，切り捨てられてしまう。これに関しても，被災者側の観点からすると疑問が持たれて当然である。これらの繰り越しが認められないのは，これもまたシャウプ勧告が関わっている。実は，シャウプ勧告は，税務当局の過大な負担を避けるため，雑損控除以外の所得控除の繰り越しを認め

るべきではないとしているのである[9]。

　この二つの大きな課題以外に，雑損控除の範囲と損失額の算定の問題もあり，本章では，これらの問題にも言及する。

第2節　雑損控除の範囲

　阪神・淡路大震災でも同様であったが，東日本大震災でも，自動車に関して生じた損失が，雑損控除の対象とされている。アメリカでは，ダイヤモンドのような贅沢品でも雑損控除の対象となるし[10]，また自動車も対象になる[11]。これに対して，わが国では，生活に通常必要な資産のみが雑損控除の対象とされており，自動車はその範囲から除かれると通常考えられている。しかし，阪神・淡路大震災や東日本大震災のような甚大な被害が生じた場合には，やむを得ないという判断であろう。自家用車の損失が，雑損控除の範疇に含められている。

　条件として，生活に通常必要な自家用車に限るとされており，所得税法72条の規定に従った形にはなっているが，自動車が生活に通常必要な資産か，あるいはそうでないかに関してはあいまいにしたまま，上記の二つの大震災の際には，自動車の損失が雑損控除の範疇に含められている。

　さて，自動車に関しては，いわゆるマイカー訴訟があり，以下この訴訟を参考にして自動車が生活に通常必要な資産かあるいはそうでないかの議論を進めたい（昭和63年（行ツ）第192号）[12]。

　第一審判決（神戸地判昭和61年9月24日）では[13]，本件自動車は，生活に通常必要な動産であり，自動車の売却による所得は，所得税法9条1項9号の非課税所得に該当するもので，損失が生じた場合であっても，その損失はなかったものとされ，損益通算できないとされた。第一審判決では，被告が，自動車を通勤の一部または全区間，また勤務先での業務用に利用していたことが考慮され，自動車は，生活に通常必要な動産に該当するものとされた。第一審判決は，いわば納税者が生活の資を得るのに自動車が必要であるから，生活に必要

な動産であるとされたのである。

控訴審判決（大阪高判昭和63年9月27日）では[14]，当該自動車がレジャー用に使用されていることに着目され，生活における通常必要性が否定され，損益通算はできないとされた。所得税法62条1項，所得税法施行令178条1項によれば，生活に通常必要でない資産にかかる譲渡損失については他の各種所得との損益通算は認められていない。自動車は，生活に通常必要な資産ではないとされ，したがって損益通算はできないと判示されたのである。

さらに，被告は，本件自動車は一般資産であり，損益通算が可能であると主張し，上告したが（最高裁第二小法廷平成2年3月23日），一般資産なる概念は存在しないとして，棄却されている[15]。

さて，本章では，損益通算できるかできないかという問題を取り扱っているのではなく，自動車の災害損失が雑損控除の対象となるか否かが問題であり，したがって自動車が生活に通常必要な資産かそうでないかに関して，ここで考察したい。

所得税法9条1項9号にいう生活に必要な動産は，基本的には，碓井光明教授が指摘するように[16]，仕事あるいは業務とは異なる消費生活用の動産を指していると考えるのが自然である。所得税法9条1項9号は，「自己又はその配偶者その他の親族が生活の用に供する家具，じゆう器，衣服その他の資産で政令で定めるものの譲渡による所得」とあり，これらは，いずれも家庭における消費生活に用いられている資産をさしているといえる。

筆者は，この仕事あるいは業務と異なる消費生活用の動産という点で，自動車は生活に通常必要な動産と捉えるのが適切であると考えている[17]。自動車というのは，通勤にも利用できるし，また消費生活でも使用できるものである。自動車は，仕事を持たなくても使用することが考えられる消費活動が想定される動産である[18]。仕事でしか利用しない自動車も当然あるだろう。しかし，消費生活でも利用するのが，自動車の一般的な使われ方ではないか。またかつてのように，ぜいたく品としての位置づけは，もはや自動車にはなく，それに対する支出は通常必要な範囲内の支出である。したがって，自動車は，生活に通常

必要な動産としての資格を持ち，雑損控除の対象となると考えることができるのではないか。

第3節　損害額の算定

　ヘイグ・サイモンズの所得の定義からすると，所得は，期首と期末の財産の市場価値の変動である[19]。この所得の定義に基づき，雑損控除額を算定するには，生活に通常必要な資産に関して，時価で控除額が測定されることになる。したがって，アメリカにおいても，またわが国においても，雑損控除額は，時価基準で計算されることになっている。

　しかしながら，原価ではなく，時価による測定というのは，現実的ではないところがある。所得税法施行令206条1項2号ロに，「当該住宅家財等の原状回復のための支出」とあるので，この場合の時価は，時価といっても売却時価ではなく，再調達原価である[20]。雑損控除制度における生活に通常必要な資産の損失の控除は，「再調達するとしたら，いくらで購入できるか」を考慮した時価計算が求められるわけであるが，具体的に考えると簡単なものではない。何年か前に購入した電化製品や衣類の価額が現在購入したらいくらになるかという計算は決して簡単なものではなく，また客観性に乏しい。大体にして，現在は実際には購入することが不可能なものもあり，そのようなものの場合には，再調達した際の価額をどのようにして算定すればよいのだろう。売却したらいくらになるのかではなく，再調達したらいくらになるのかであるので，現在価値がほとんどないあるいは全くないという計算結果にはならないが，生活に通常必要な資産の時価算定は容易でないし，客観性が乏しいのは確かである。

　阪神・淡路大震災の際，大阪国税局管内の税務署が雑損控除の適用にあたって用いた「住宅，家財に対する損害額の簡易計算」は，次のようなものであった。

(1) 住宅に対する損害額の計算

　　（1㎡当たりの工事費用×延床面積）×被害割合

(2) 家財に対する損害額の計算

　　家財に対する損害額は，次の①と②の合計額を算出し，それに被害割合を乗じた金額

　①　「平成6年分の総所得金額」に応ずる家財の額

　　　平成6年分の総所得金額（1,000万円を限度とし，譲渡所得と一時所得を除く）に50％を乗じた金額

　②　「生計を一にする同居親族の数（本人を含む）」に応ずる家財の額

　　　大人（平成7年1月17日現在，18歳以上の者）1人つき1,000,000円，小人1人につき600,000円

(3) 自家用自動車に対する損害額の計算

　　自家用自動車の取得価額×時価率−処分（見込み）価額等

　　通常，生活に必要な自家用自動車に限る。

　以上のように，阪神・淡路大震災では，時価の測定の困難性から，「簡便計算」で対応したことがわかる。とりわけ，家財に対する損害額は，時価の測定からは程遠いものであることが明らかである。もっとも家財については，再調達したとしたらいくらになるかという測定は，困難であることが容易に想像できるので，簡便計算によることは致し方ないであろう。

　また，東日本大震災の際の，損失額の合理的な計算方法は，次のようなものであった。

(1) 住宅に対する損失額の計算

　①　取得価額が明らかな場合

　　　損失額＝（取得価額−減価償却費）×被害割合

　②　取得価額が明らかでない場合

　　　損失額＝〔（1㎡当たりの工事費用×総床面積）−減価償却費〕×被害割合

(2) 家財に対する損失額の計算

① 取得価額が明らかな場合

損失額＝(取得価額－減価償却費)×被害割合

② 取得価額が明らかでない場合

損失額＝家族構成別家財評価額×被害割合

(3) 車両に対する損失額の計算

損失額＝(取得価額－減価償却費)×被害割合

ただし，生活に通常必要な車両に限られる。この場合の生活に通常必要な資産であるかどうかについては，自己又は自己と生計を一にする配偶者その他の親族が，もっぱら通勤に使用しているなど，車両の保有目的，使用状況等を総合勘案して判断されることになっている。

また，家族構成別家財評価額は，以下のとおりになっている。

世帯主の年齢	夫　婦	独　身
歳　　～29	万円 500	万円 300
30～39	800	
40～49	1,100	
50～	1,150	

（注） 大人（年齢18歳以上）１名につき130万円を，子供（年齢18歳未満）１名につき80万円を加算する。

出所：災害により被害を受けられた方へ（損失額の合理的な計算方法）（国税庁資料）

　住宅や車両の場合と異なり家財の場合は，取得価額は明らかでない場合がほとんどで，また東日本大震災の際には津波により流されて現物がない場合もあり，震災前に自分がどのような家財を有していたか定かではないことも多い。今回は，取得価額が明らかである場合には，損失額＝(取得価額－減価償却費)×被害割合で計算するとされたが，現実には，損失額＝家族構成別家財評価額×被害割合という阪神・淡路大震災の時に採用されたのと同様の計算式で，家財に関する損失額が計算されるのが一般的であった。

　雑損控除は，生活に通常必要な資産の損失の控除が認められるものであって，災害などにより損失が生じて，日々の生活を送るうえで支障がないようにという配慮から認められているもので，原状回復に必要な費用を控除できるという規定になっているのは理解できる。

　しかしながら，現実に阪神・淡路大震災や東日本大震災のような災害が起きた時に，再調達するのに必要な時価の測定は，明らかに困難で現実的ではない。現実には，災害損失の測定は，原価に基づく測定か，あるいは全くのどんぶり勘定による測定によらざるを得ない。今回の東日本大震災のいわば簡便計算は，雑損控除の時価計算の欠陥を露呈したが，適切な対応であったといえる。

第4節　足　切　額

　わが国の所得税法において，雑損控除が全額控除されないことになっているのは，歴史を紐解くと，シャウプ勧告で10％の足切額が提案されていることに由来する。シャウプ勧告によると，雑損控除制度において，いわゆる足切額が設けられているのは，すでに指摘したように，少額の損失控除が多数申請されると税務行政が不要な負担を負うとの理由による。この税務行政の負担の緩和という観点から見れば，現在のわが国における寄附金控除の足切額2,000円という渋い制度も理解できる[21]。

　足切額は，日本で先に設けられ，日本に追随する形で，後にアメリカにおいて1982年に設けられている。アメリカでは，足切額が設けられる前は100ドルの制限規定しかなかった[22]。もっとも，1964年に出版されたグード（Goode）の著書『個人所得税』において100ドルばかりの損失は，高額所得者にとっては低額所得者の場合と異なり過酷というような大げさなものではなく，所得に関連させて足切額を設けたほうが適切であるという記述がみられる[23]。この記述は，換言すると，10％基準には，累進税制度に合致する側面があるということを意味している[24]。もう少し詳しく説明すると，所得の10％という足切額があると

所得の少ない貧困層は少額でも雑損控除が適用され，これに対して，富裕層は所得の10％までは雑損控除を受けることができなくなるので，多額であっても雑損控除が適用されないケースがでてきて，この意味において累進税制度に合致するのである。

医療費控除と比較すると，雑損控除が累進税制度と親和性があることがわかる。医療費控除の場合の足切額は，一見すると雑損控除と同じタイプの控除に見え，累進税制度と合致しているような印象があるが，現実はそうではない。医療費控除の場合は，たとえば1,000万円の課税標準の世帯主であれば1,000万円×5％＝50万円と10万円の比較で10万円が足切額となり，300万円の課税標準の世帯主であれば300万円×5％＝15万円でやはり10万円が足切額となり，所得の多寡による違いが生じない。しかし，雑損控除の場合には，1,000万円の課税標準の世帯主であればその10％の100万円までは雑損控除は適用されず，たとえば100万円の災害損失では雑損控除は受けられない。しかし，300万円の課税標準の世帯主であれば，その10％の30万円が足切額になるので，たとえば100万円の災害損失では，70万円の雑損控除が受けられることになる。

10％の足切額には，確かに，税務行政の負担の緩和と，そして累進税制度との親和性というメリットがあるが，ヘイグ・サイモンズの所得の定義からすると，矛盾があるのではないか。サリーによれば，災害損失は，所得稼得には貢献しないので租税支出に該当するが，「所得とは一定期間における所得（累積額）と消費」とするヘイグ・サイモンズの所得概念における消費に該当するかどうかというと，カーンが指摘するように疑義が生じる。また，カーンによれば[25]，盗難の場合は，明らかに消費は行われていないという。確かに，盗難は，ものの場所が移動しただけだと捉えることができよう。このようにして，災害損失が消費でないとすれば，10％の足切額を設けるのは適切ではなく，全額控除が認められて当然であるということになろう。

とは否めない。

　その他，従来からの問題である雑損控除の範囲に自動車が入るのではないかということや，損害額の算定の問題なども浮き彫りになった。自動車に関しては，阪神・淡路大震災の時と同様に今回もやむを得ず雑損控除の対象とされたが，しかし，今後は，大震災の発生時だけではなく，普段も自動車を雑損控除の対象とすることが検討されてよいのではないか。損害額の算定は，法令では時価で測定することになっている。しかし，時価による測定は概念的には受け入れることができるが，現実には困難である場合も多い。今回も，阪神・淡路大震災の時と同様に簡便計算で対処されている。津波により流され，現物がない場合もあったことを考慮すると，今回の雑損控除額の簡便計算も，やむを得ないことであり，現実的な対応であったといってよい。

【注】

（1）　「宮城，震度7　大津波　M 8.8国内最大　死者・不明者多数」『河北新報』2011年3月12日朝刊。

（2）　「宮古・姉吉地区「此処より下に家を建てるな」石碑の教え　守る」『河北新報』2011年4月10日朝刊。

（3）　増山准教授は，災害減免法と雑損控除でどちらが有利かの試算を行い，多くの場合，雑損控除であると指摘している。増山裕一「災害時の所得税及び住民税の救済税制－東日本大震災において国税庁が示した合理的計算方法」大阪経大論集第62巻第4号26－29頁，2011年11月参照。

（4）　増山准教授は，災害減免法と雑損控除が選択適用できることのみが情報として伝達され，どちらの方法が有利であるかということの情報提供に関して，国税庁の対応は不十分だったことを指摘している。増山・前掲注（3）26－27頁。

（5）　増山・前掲注（3）26頁。

（6）　Shoup Mission, Report on Japanese taxation,Vol.1,103, General Headquarters Supreme Commander for the Allied Powers, 1949.：シャウプ使節団『日本税制報告書』（1949年）第1篇第5章E節103頁。

（7）　所得税法87条。

（8）　武田昌輔監修『DHC コンメンタール所得税法』（第一法規）4983頁。

（9）　Shoup Mission, *supra* note 6 at 71：シャウプ使節団・前掲注（6）第2篇第7章C節133頁。

（10）　Reg. §1.165－8(f)には，例としてダイヤモンドが盗難に遭ったケースが紹介され

ている。

(11)　Reg. §1.165－7(a)(3).

(12)　判タ732号183頁。

(13)　判時1213号34頁。

(14)　判時1300号47頁。

(15)　判時1354号59頁。

(16)　碓井光明「給与所得者が通勤及び勤務先の業務用に利用していた自動車が所得税法9条1項9号にいう生活用動産に該当するとされた事例」税務事例第19巻3号4頁，1987年3月。

(17)　碓井教授は，レジャー目的・娯楽目的の利用は，今日においては，生活に通常必要であるといってよいのではないかと述べている。碓井・同上，5頁。

(18)　給与所得者の背広も，仕事がなくても着用できる，消費生活が想定される衣服である。小池和彰『給与所得者の必要経費』（税務経理協会・2005年）72－73頁。

(19)　Henry C. Simons, Personal Income Taxation, 50(1938) The University of Chicago press Chicago, Illinois.

(20)　アメリカでは，雑損控除される金額は，被災直前の時価から被災直後の時価を控除した金額で計算され，この場合の時価は，公正な市場価値（the fair market value）とされる。アメリカにおいても，雑損控除額の測定は，清算価値ではなく，公正な第三者と取引をした場合の再調達価額で評価されるのが原則となっている。Reg. §1.165－7(a)(1).

(21)　足切額が設けられる理由は，少ない金額を認めないことによって，ただ単に，計算と記録を単純にすることであるという指摘がある。John R. Brooks II, Doing Too Much : The Standard Deduction and the Conflict between Progressivity and Simplification, 2 Colum. j. Tax L. 203, 242 (2011).

(22)　アメリカにおける100ドルの制限は，1964年の歳入法で採用された。Richard. Goode, The Individual Income Tax, 162 (1964) The Brookings Institution, Washington, D.C : 塩崎潤訳『個人所得税』（日本租税研究協会・1966年）173頁。

(23)　Id. at 163：同頁。

(24)　佐藤英明教授は，足切額が採用されている理論的根拠は，ある程度の損失は，通常の消費の概念に含まれるからであるとしている。佐藤英明「雑損控除制度－その性格づけ」日税研論集第47号51頁，2001年5月。

(25)　Jeffrey H, Kahn, Personal Deductions － A Tax "Ideal" or just Another "Deal"？ 2002 L. REV. MICH. ST. U.- DET. C. L. 1, 18 (2002).

(26)　武田・前掲注（8）4981頁。

(27)　石川鉄也「所得控除の優先順位に関する考察」税経通信第66巻11号169頁，2011年9月。

第 6 章

マネーマシンとしての消費税

第1節　はじめに

　付加価値税を導入すると，間違いなく税収が増えることが予想される。付加価値税は，法人税や所得税と比較して，安定的に大きな税収をあげることができる。また，付加価値税を導入することによって，追加的な税収をあげることができ，既存の税率を減少させることができる[1]。

　付加価値税は，導入された時と比べると，相当程度上昇する傾向がある。導入当時の税率は，7％か10％程度であるが，その後は増加している。導入年は，日本は1989年で3％，ドイツは1968年で10％，フランスは1968年で13.6％，イタリアは1973年で8％，イギリスは1973年で10％，スウェーデンは1969年で11.1％，デンマークは1967年で10％，ノルウェーは1970年で20％である[2]。下記のOECDの資料によると，その後の税率は上昇し，2018年には，日本は8％，ドイツは19％，フランスは20％，イタリアは22％，イギリスは20％，スウェーデンは25％，デンマークは25％，ノルウェーは25％と上昇している。

　EUの付加価値税率は，日本と異なり，平均すると20％程度とかなり高い。ヨーロッパが，軒並み税率が高くなったのには，ヨーロッパ特有の事情もある。ヨーロッパは地続きなので調和が重要である。自国の付加価値税の税率が高ければ，自国ではなく，近くの付加価値税の税率の低い国で買い物をすればいいだけである。したがって，1993年1月時点でEUに属する国々は，いくつかの例外を認めながらも，15％という高い標準税率に合意している[3]。

Annex Table 2.A.1. VAT rates[1]

Implemented		1975	1995	2005	2007	2008	2009	2010	2011	2012	2013	2014	2015	2016	2017	2018	Reduced rates[2]	Specific regional rates
Australia	2000	-	-	10	10	10	10	10	10	10	10	10	10	10	10	10	0	-
Austria*	1973	16	20	20	20	20	20	20	20	20	20	20	20	20	20	20	10.0/13.0	19
Belgium	1971	18	20.5	21	21	21	21	21	21	21	21	21	21	21	21	21	0.0/6.0/12.0	-
Canada*	1991	-	7	7	6	5	5	5	5	5	5	5	5	5	5	5	0	13.0/15.0
Chile	1975	20	18	19	19	19	19	19	19	19	19	19	19	19	19	19	-	-
Czech Republic	1993	-	22	19	19	19	19	20	20	20	21	21	21	21	21	21	10.0/15.0	-
Denmark	1967	15	25	25	25	25	25	25	25	25	25	25	25	25	25	25	0	-
Estonia	1991	-	18	18	18	18	18	20	20	20	20	20	20	20	20	20	0.0/9.0	-
Finland	1994	-	22	22	22	22	22	22	23	23	24	24	24	24	24	24	0.0/10.0/14.0	-
France*	1968	20	20.6	19.6	19.6	19.6	19.6	19.6	19.6	19.6	19.6	20	20	20	20	20	2.1/5.5/10.0	0.9/2.1/10.0/13.0 & 1.05/1.75/2.1/8.5
Germany	1968	11	15	16	19	19	19	19	19	19	19	19	19	19	19	19	7	-
Greece*	1987	-	18	19	19	19	19	19	23	23	23	23	23	23	24	24	6.0/13.0	4.0/9.0/17.0
Hungary	1988	-	25	25	20	20	20	25	25	27	27	27	27	27	27	27	5.0/18.0	-
Iceland	1990	-	24.5	24.5	24.5	24.5	24.5	25.5	25.5	25.5	25.5	25.5	24	24	24	24	0.0/11.0	-
Ireland	1972	19.5	21	21	21	21	21.5	21	21	23	23	23	23	23	23	23	0.0/4.8/9.0/13.5	-
Israel*	1976	-	17	17	15.5	15.5	15.5	16	16	16	17	18	18	17	17	17	0	0
Italy	1973	12	19	20	20	20	20	20	20	21	21	22	22	22	22	22	4.0/5.0/10.0	-
Japan	1989	-	3	5	5	5	5	5	5	5	5	5	8	8	8	8	-	-
Korea	1977	-	10	10	10	10	10	10	10	10	10	10	10	10	10	10	0	-
Latvia	1995	-	-	18	18	18	21	21	22	22	21	21	21	21	21	21	5.0/12.0	-
Lithuania	1994	-	18	18	18	18	19	21	21	21	21	21	21	21	21	21	5.0/9.0	-
Luxembourg	1970	10	15	15	15	15	15	15	15	15	15	15	17	17	17	17	3.0/8.0/14.0	-
Mexico	1980	-	10	15	15	15	15	16	16	16	16	16	16	16	16	16	0	-
Netherlands	1969	16	17.5	19	19	19	19	19	19	19	21	21	21	21	21	21	6	-
New Zealand	1986	-	12.5	12.5	12.5	12.5	12.5	12.5	15	15	15	15	15	15	15	15	0	-
Norway	1970	20	23	25	25	25	25	25	25	25	25	25	25	25	25	25	0.0/12.0/15.0	-
Poland	1993	-	22	22	22	22	22	22	23	23	23	23	23	23	23	23	5.0/8.0	-
Portugal*	1986	-	17	19	21	21	20	20	23	23	23	23	23	23	23	23	6.0/13.0	4.0/9.0/18.0 &
Slovak Republic	1993	-	25	19	19	19	19	19	20	20	20	20	20	20	20	20	10	-
Slovenia	1999	-	-	20	20	20	20	20	20	20	22	22	22	22	22	22	9.5	-
Spain*	1986	-	16	16	16	16	16	16	18	18	21	21	21	21	21	21	4.0/10.0	0.0/2.75/3.0/7.0/9.5/13.5/ 20.0 & 0.5/10.0
Sweden	1969	17.7	25	25	25	25	25	25	25	25	25	25	25	25	25	25	0.0/6.0/12.0	-
Switzerland	1995	-	6.5	7.6	7.6	7.6	7.6	7.5	8	8	8	8	8	8	8	7.7	0.0/2.5/3.7	-
Turkey	1985	-	15	18	18	18	18	18	18	18	18	18	18	18	18	18	1.0/8.0	-
United Kingdom	1973	8	17.5	17.5	17.5	17.5	15	17.5	20	20	20	20	20	20	20	20	0.0/5.0	-
Unweighted average			15.6	17.7	17.8	17.8	17.7	17.8	18.2	18.7	18.9	19.1	19.2	19.3	19.3	19.3		

出所：OECD, Consumption Tax Trends VAT/GST and Excise rates, Trends and Administration Issues 68, 2018.

　付加価値税を導入すると，税収が増加することは間違いないが，これに関して懸念がないわけではない。それは，付加価値税が大きな政府をもたらすという懸念である。

　アメリカでは，小さな政府を志向する保守と大きな政府を志向するリベラルという二項対立がある。付加価値税は，政府の成長を促進するので，保守側からは望ましくないものであるが，財政赤字，限界税率，そしてさまざまな税のゆがみを減少させるという側面を持つ[4]。一方，付加価値税は逆進性を有しているので，低所得者には厳しい税であるが，他方，その低所得者に対して，サポートするプログラムの資金を賄うという側面は[5]，リベラル側からすると望ましい。

　付加価値税を導入し税収が増加すると，大きな政府となる可能性がある。アメリカでは，既述したように保守とリベラルの双方が混在するが，伝統的にはデンマークやスウェーデンと異なり，保守の特徴である小さな政府を志向して

いる。それ故，アメリカでは，マネーマシンとしての消費税に対して大きな懸念があるのである。

　本章では，日本の財政赤字解消手段として，消費税が必要不可欠であることを指摘し，次にマネーマシンとしての消費税の議論を考察し，最後に，今後日本がどのようになるのかについて考えてみたい。

第2節　わが国の財政問題

　日本の財政は，危機的状況にある。歳入以上に歳出が多く，不足分は国債の発行で賄われている。下記の図は，一般会計の税収，歳出及び国債発行額を示したものである。歳出は，平成21年に最大の100兆円に達し，その後ほぼ横ばいである。税収はここ最近延びてきてはいるものの，明らかに歳出を賄える金額ではない。歳入面の減少から考えてみると，バブル崩壊後，直接税，すなわち個人所得と法人所得が低迷していることをその原因としてあげることができる。景気回復のため，直接税の減税が行われたのである[6]。一方で，歳出面の横ばい状況の原因を考えてみると，経済対策のための国の公共投資が増加していることをあげることができる。公共投資を増やして景気を浮揚させるといういわゆるケインズ政策である[7]。

　下記の図の二つの折れ線グラフの幅は，ワニの口とよばれるものであり，国債発行額となっている。国債はいわば国の借金であり，わが国の財政は破綻するのではないかという危惧がある。

　石弘光教授は，この財政破たんの危惧について，次のように述べている[8]。

　　「財務省主税局のスタッフは，この状況をまさにワニが口を開けた姿と称している。ワニの口を如何に閉じさせるかが財政健全化の証になるが，この兆しは一向に見えてこない。1991年にバブルが崩壊して以来，「失われた10年」とも「失われた20年」ともいわれる現象が財政面にも投影していると言えよう。」

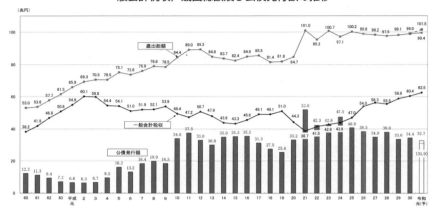

一般会計税収，歳出総額及び公債発行額の推移

（注1） 平成30年度以前は決算額，令和元年度は予算額による。

（注2） 公債発行額は，平成2年度は湾岸地域における平和回復活動を支援する財源を調達するための臨時特別公債，平成6〜8年度は消費税率3％から5％への引上げに先行して行った減税による租税収入の減少を補うための減税特例公債，平成23年度は東日本大震災からの復興のために実施する施策の財源を調達するための復興債，平成24年度及び平成25年度は基礎年金国庫負担2分の1を実現する財源を調達するための年金特例公債を除いている。

（注3） 令和元年度の一般会計歳出については，点線が臨時・特別の措置に係る計数を含んだもの，実線が臨時・特別の措置に係る計数を除いたもの。令和元年度の公債発行額については，総額は臨時・特別の措置に係る計数を含んだもの，（ ）内は臨時・特別の措置に係る建設公債発行額を除いたもの。令和元年度の歳出に占める税収の割合は，臨時・特別の措置に係る計数を含んだもの，（ ）内は臨時・特別の措置に係る計数を除いたもの。

出所：財務省:https://www.mof.go.jp/about_mof/councils/fiscal_system_council/

　財政状況はますます悪化することが予想される。その理由は，社会保障費の増大である。今後，わが国は高齢化が進むことは避けられない。社会保障費は確保しなければならない特別の存在であり，高齢化によりその社会保障費は増加している。社会保障費についてみると[9]，予算ベースで2000年には78.3兆円，2010年には105.2兆円，2016年には118.38兆円と拡大しているのである。

　この社会保障費の穴埋めとして，安定財源は必要不可欠である。その安定財源として，消費税は適している。所得税や法人税は，景気の動向に左右され，その税収は不安定である。消費税の場合には，景気の動向に関係なく，安定的な税収が確保できる。

　下記の図は，財務省の主要税目の推移であるが，所得税収は平成３年の26.7
兆円と最高額に達し，その後減少に転じている。平成４年には23.2兆円になり
６兆円も落ち込んで，平成５年には23.7兆円と回復したものの，その後は乱高
下しながら減少し続けている。法人税収も平成元年に19兆円と最高額に達して
いるが，その後減少に転じている。法人税収は，平成２年には18.4兆円，平成
３年には16.6兆円と減少し，平成14年には9.5兆円であったが，平成15年から平
成17年までは持ち直したものの，平成18年からは再び減少に転じ，その後は，減
少傾向にある。これに対して消費税は，平成９年から毎年10兆円程度の税収を
あげ安定している。

主要税目の税収（一般会計分）の推移

（注）　26年度以前は決算額，27年度は予算額である。

出所：財務省：https://www.mof.go.jp/about_mof/councils/fiscal_system_council/

　石弘光教授は，安定財源としての消費税に関して，資産課税にも言及しなが
ら，次のように述べている[(10)]。

　　「景気の波に変動されやすい法人税や累進税率を強化し高所得者層に
　　重課するような所得税，あるいは税収が限られる資産課税などは，安

定財源たり得ないであろう。かかる観点から言えば，オール・ジャパンで費用を負担しあえる消費税以外には安定財源の候補は見当たらない。」

　財政赤字の問題を解決する手段として期待されているのは，やはり消費税であるが，消費税に関しては懸念がある。なぜなら，消費税増税は，消費を冷やすといわれているからである。わが国では，1989年に３％で消費税は導入された。1997年には５％，2014年には８％に消費税の税率がアップされている。消費税は，導入時にも，そして税率アップのときも，その都度，景気が悪化したと批判されている[11]。2019年10月には８％から10％の税率アップが実施され，景気の悪化が懸念されている。

　しかしながら，10％程度の消費税率では，財政赤字は解消しない。消費税を増税しなくても財政再建は実現できる，あるいは10％程度の消費税率で財政赤字が解消するというのは誤りである。しかも，消費税率10％と同時に軽減税率が導入されることになったが[12]，これは財政赤字解消の足を引っ張ることになることは間違いない。

　これについて，井堀利宏教授は，次のように述べている[13]。

　「……，消費税率を10％程度に引き上げる程度では，抜本的な財政再建には焼け石に水である。なお，10％引き上げ時に食料品を対象として軽減税率が適用されることとなり，１兆円規模の減収が予想されている。こうしたその場しのぎの対応は，数字上はもちろん，モラルハザードの上でも財政再建にマイナスである。近い将来に消費税の再引き上げなど，もう一段の増税は避けられない。まして，軽減税率の対象が拡大したり，歳出の抑制が進まず財政再建が確立されなければ，消費税率20％でも財政健全化に足りないだろう。」

第3節　マネーマシンとしての付加価値税に関する
これまでの研究

　付加価値税は，現在諸外国の注目の的である。付加価値税は，財政赤字の解消のため，あるいは社会保障費捻出の安定財源になるため，所得税や法人税よりも期待されている。

　わが国でも所得税は，災害復興税が継続中であり，給与所得控除の縮小等で若干増税気味にはなっているものの，法人税に関しては，災害復興税も取りやめになり，日本の企業が海外に逃げることを嫌い，増税どころか減税傾向にあり，付加価値税は，重要な財源として期待されている。

　しかしながら，付加価値税には，すでに指摘したように，一つの大きな懸念がある。それは，付加価値税が大きな政府を生み出すというものである。

　付加価値税はマネーマシンである [14]。この言葉の意味するところは２種類あり，一つ目は付加価値税を有する政府は付加価値税を有さない場合よりも歳入が増えるかあるいは等しいとするものであり，もう一つは付加価値税の利用自体が大きな政府を生み出すというものである。一つ目のものに関しては，非常に明白なものであり，問題視されていない。しかし，二つ目の付加価値税の導入が大きな政府を生み出すかどうかに関しては，問題視されている。

　マクア（Mclure）は，[15] マネーマシン（money machine）という仮説があり，議会がこの痛みない税源を有するならば，政府はより急速に増大することを指摘している。

　また，アーロン（Aaron）は，次のように述べて，アメリカが付加価値税を導入する場合には，政府の規模が増大しないようにしなければならないことを示唆している [16]。

　　「第四に，ヨーロッパにおける付加価値税は，他の税目の代用物とし
　　て意図されている，しかしそれは税収の増加と結びついてきた。表１
　　に示されているように，付加価値税が導入された後，６つの国のうち

５つの国では税収を含んだ国内総生産の割合が増加した。これらの統
　計は，付加価値税は，政府支出が増大した時便利な道具であることを
　強く示唆している。政府の役割や範囲が増大することによるプロセス
　の一部として，税が導入され税率が増やされている。付加価値税は，ア
　メリカにおける財政削減のプログラムの一部として，他の税目を減少
　させるために用いられるのかもしれないが，この本がカバーしている
　いずれの国も経験してこなかった財政抑制の先鞭をつけることになる
　であろうことを認識することが重要である。」(表１は省略)

　ストックフィッシュ（Stockfish）は，1964年から1981年のOECD諸国のデー
タを用いて，付加価値税と政府の規模との関係を分析している[17]。政府の規模
と付加価値税の関係を実証的に検討し，ストックフィッシュは，消費税導入と
政府規模との因果関係はないとしている。付加価値税導入国12か国の付加価値
税導入後の対GDPの租税収入比率は，付加価値税導入前の租税収入比率と比較
すると，12か国のうち８か国で低下していることをストックフィッシュは指摘
している[18]。また，GDPの国民負担総額（租税に社会保険料を合計した大き
さ）の比率も，12か国のうち９か国で付加価値税導入前と比較して低下してい
ることもストックフィッシュは指摘している[19]。

　OECDのデータをもとにした石弘光教授の研究でも，付加価値税が，マネー
マシンとして機能し政府規模を安易にかつ大幅に増大させている証拠はないと
している。石弘光教授は，次のように述べている[20]。

　　　「VAT先発国において，政府総収入・総支出の伸びはGDPのそれよ
　　　りVAT導入後に鈍化を示している。またVATの総収入に占める割
　　　合も，VAT導入直後より近年の方が小さくなった国も半数に上る。」

　付加価値税を導入すると政府の規模が増大するという懸念があるが，その懸
念は杞憂であるといえる。これまでの研究では，付加価値税と政府規模との関
係は認められていない。

　そもそも，ある国あるいはその国の国民自体が，大きな政府を志向するのか
小さな政府を志向するのかを決めるのであって，付加価値税が政府の規模を決

めているのではないのではないか。ストックフィッシュも，他の政治的及び経済的要因が政府の規模を決定していると指摘している[21]。

　また，アメリカは，保守が支配的なので，大きな政府に対する恐れのようなものが存在して，付加価値税はマネーマシンかという問題が取り上げられている。これまでアメリカで付加価値税が導入されてこなかった理由も，そこにあるといわれる[22]。

　しかしながら，日本では，この仮説に特別の関心は持たれないかもしれない。わが国では，大きな政府に対する嫌悪感は特にはない。後ほど指摘するように，わが国は，大きな政府を志向してきたのか，それとも小さな政府を志向してきたのかに関しては必ずしも明らかではないが，わが国では，大きな政府が良いとか悪いとかという意識はおそらく持たれていない。

第4節　アメリカにおける保守とリベラル

　ヨーロッパでは，保守というと，社会的な不平等と権威を擁護する立場をさす[23]。この伝統的な保守は，フランス革命の唱えた自由と平等，民主政治に敵対するところに原点がある[24]。そしてこれは，身分制を擁護するものである。

　アメリカは，身分制という封建的な制度は初めから存在せず，自由と平等，人民主権を基本原理として基本として作られた国家であった。それ故，保守を語るときに，欧米という枠でくくるのは明らかに間違いであり，自由と人民主権は所与とされているアメリカの保守は，ヨーロッパとは異なる保守であることをまず受け入れなければならない[25]。

　アメリカの保守は，個人主義的で自由放任主義に傾斜するものであり，ヨーロッパの身分制や権威主義を重視する保守主義とは全く異なるものである。アメリカの保守は，伝統的な秩序を重んじるよりは，資本市場と市場メカニズムに信頼を置いている。保守的なキリスト教的価値観を全社会規模で実現することを政府が推し進めるべきであるとし，人工中絶を禁止したり，同性婚に否定

的であったりする[26]。また，銃規制強化やアファーマティヴ・アクション（affirmative action）に反対する[27]。ここにおけるアファーマティブ・アクションとは，歴史的に差別されてきた人種・民族的少数者集団及び女性や障害に対する優遇策を意味する[28]。

　これに対して，個人の個性や社会を重視し，経済面での政府の役割を強調するのがリベラルである。リベラルは，政府によるさまざまな社会的サービスの提供，福祉国家というものとよく結びつく[29]。また，リベラルは，銃規制の強化を訴え，環境保護にも積極的である[30]。キリスト教的価値観を前面に押し出すのではなく，文化多元主義を推進し，人工中絶を女性の権利と捉え，同性婚も支持する傾向が強い[31]。

　アメリカでは，二つの自由主義があるが，あえて分けるとすると，保守主義が自由主義であり，リベラリズムは社会民主主義であるといえる。

　アメリカは，基本的には保守が優勢であったが，1929年の株価暴落による大恐慌に対処するために経済のてこ入れが行われている。それ以後は，民主党はリベラル政党といわれている。1933年にはルーズベルト政権が誕生し，ニューディール政策が実行された。失業者救済と景気回復の双方を目的として，公共事業局という連邦政府機関も設置されている[32]。リベラルの特徴である大きな政府の政策が実施されたのである。

　これに対して，保守である共和党は，大きな政府を作った民主党政権の失敗を指摘した。

　たとえば，民主党の福祉政策に対するものがある。1960年代に民主党のリンドン・ジョンソン大統領は，ベトナム戦争と並行して「偉大な社会」の建設，「貧困との戦い」計画を推し進めた。これは，ニューディール政策よりも政府がより直接に貧困の問題の解決，更なる貧困層の精神的・社会的立ち直りのために政策を実行しようというものであった。たとえば，ジョンソン大統領は，結果の平等を意味する，アファーマティブ・アクションという政策を推し進めた。

　これに対する保守からの批判として，福祉政策に関するものがある。貧しい家族に対する経済的援助は，家族の経済的・社会的向上が可能になる政策であ

るとして多くの人々の支持を受けた。しかし，この援助が，かえってあだになってしまっていた。援助を受けることにより男性たちの家族に対する責任感が低下し，ますます離婚と家族の崩壊が起こったというのである(33)。いわば，善きサマリア人のディレンマ現象を生ぜしめてしまったのである。

　善きサマリア人は，苦しんでいる人に対して，無償で援助を提供する人たちとして聖書（新約聖書ルカによる福音書第10章25節から37節）に登場する。もちろん，困った人たちを助けることは，基本的にはよいことである。しかしながら，サマリア人が助けた人たちは，本当に苦しんでいる人たちであるし，したがって，余裕がなくても，これらの人たちを助けるのは，絶対的に善なるものであると考えるのは早計である。なぜなら，サマリア人の善行が援助を受けた人たちをその援助に甘えさせて，そして慣れさせ，彼らから働く意欲を奪うことが考えられるからである。すなわち，サマリア人の行為は，援助を受けた人たちに，いわばマイナスのインセンティブを与えてしまうことが考えられるのである。「情けは人のためならず」の現代版解釈で，結果的には，かけた情けがその人のためにならない場合もあるのである。

　また，60年代から70年代にかけてベトナム戦争が勃発したり，アメリカ社会の抱える不平等や抑圧への批判が高まったりした。黒人たちの自己主張も強まり暴動が続発した(34)。

　こうした中にあって，民主党の内部分裂が決定的になり，1968年の大統領選挙では共和党のニクソンが当選した。

　そして，個人主義，小さな政府と市場主義，家族と宗教をパッケージにして政策を作り，道徳的な哲学を支えにしてプロパガンダを作った(35)。そして，それがレーガン政権につながっていくのである。レーガンが採用したレーガノミクスは，政府による規制緩和・撤廃や減税を推し進めるものであり，たとえば所得税の税率は，1981年には最高税率70％から50％に引き下げられている(36)。この減税は，ラッファー曲線を用いたサプライサイド経済学の説明をよりどころにして行われた(37)。税率を上昇させると，ある点までは税収は増加するが，それ以上高めるとかえって減収になる。したがって，減税したほうがよいとい

う説明を根拠に減税が行われたのである。この減税と冷戦による軍事・外交面での支出拡大の影響で，アメリカは財政赤字となった[38]。

　アメリカは，共和党と民主党があり，基本的には，共和党が保守で，民主党がリベラルである[39]。アメリカでは，既述したように，ニューディール政策以降，社会福祉国家を目指す中で国家主導で経済政策を押しすすめる民主党がリベラルと呼ばれるようになった。これに対して，共和党の保守は個人の自由を強調し，政府によって個人の自由が規制されてはいけないと考える。したがって，保守は必然的に小さな政府になる。アメリカは，基本的には保守であって，1993年にクリントンが，2009年にオバマが大統領になって民主党が復活したが，それが必ずしもリベラル復活を意味しない。アメリカは，基本的に保守が主流なのである。

　それ故，消費税が大きな政府をもたらすのではないかという危惧が，アメリカでは根強くあるのである。

第5節　む　す　び

　消費税を採用している多くの国の税率はアップしていて，消費税を用いた租税収入は増加している。しかし，消費税と政府規模との関係は認められていない[40]。「大きな政府」を志向するのか，それとも「小さな政府」を志向するのかを決定しているのは，消費税ではなく，むしろ政治的なものあるいは国民性といったものであろう。

　そして，それぞれの国民が望む体制は，そんなに簡単に変わるものではないのではないか。スウェーデンやデンマークは，消費税とは関係なく福祉国家である。

　これに対して，アメリカは，歴史的な経緯で大きな政府を志向したこともあるが，基本的には小さな政府志向である。アメリカは，世界恐慌のため一時的に税収の増加につながる大きな政府が支配した。クリントンやオバマが大統領

になり，民主党政権も成立しているが，やはり基本的には小さな政府である。

　それ故，本章で指摘したように，アメリカでは，マネーマシンとしての消費税に懸念が持たれているのである。

　さて，日本はどうだろうか。日本は，小さな政府を志向しているように見えて，大きな政府を志向しているところもある。1996年の橋本内閣から現在の安倍内閣まで，消費税は増税したものの，規制緩和や歳出削減が唱えられてきたという大谷英暉氏の指摘があるし[41]，また，日本は暗黙裡にアメリカ型の小さな政府を目指してきたという石弘光教授の見解もある[42]。これに対して，アベノミクスに見られるように，政府の介入によって景気拡大を目指しているような日本は，基本的に大きな政府を志向しているという宇野重規教授の指摘もあるし[43]，また多額の財政赤字を生み出しているこれまでの政策は，大きな政府を志向してきた結果のようにも思われる。

　さて，日本は，これからどうなるのだろうか。矢野秀利教授は，このことについて次のように述べている[44]。

　　　「……，これまでは日本の政府規模は小さく，消費税率が極めて低い

　　ので，日本の場合，今後はVATの税率の上昇が政府規模を変化させ

　　る要因，あるいは後押しをする可能性は大きい。」

　矢野教授が指摘するように，日本は，これまでよりは大きな政府が実現するかもしれない。しかし，北欧のような福祉国家になっていくようには，筆者には思えない。北欧のような福祉国家ではなく，小さな政府志向のアメリカ型でもない。いわばアメリカと北欧の中間にとどまることになるのではないか[45]。下記の図は，OECD諸国における社会保障支出と国民負担率の関係を表したもので，松本崇・元内閣府事務次官が日本経済新聞に掲載した表である[46]。実際にこの図を見る限り，日本は，アメリカと北欧の中間である。そして，この状態が大きく変化することはおそらくないだろう。

　日本は，ドイツ並みの社会保障支出をしていながら，国民負担率は低い。社会保障支出は，国債でまかなっているということであろう。この図を見る限り，日本は，身の丈を踏まえていない社会保障支出を支出しており，諸外国の比較

からすると，特異な状態にある。この状態を抜け出すことが，今後の日本の課題であろう。

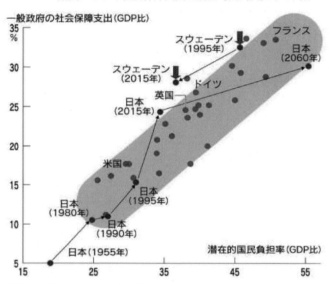

OECD諸国における社会保障支出と潜在的国民負担率の関係

（注）　数値は一般政府（中央政府，地方政府，社会保障基金を合わせたもの）ベース。日本の
　　　　2060年は財政制度審議会の2018年4月の資料を基に作成。諸外国は2015年実績（アイ
　　　　スランド，ニュージーランド，オーストラリアは2014年実績）。
　　　出所：OECD，内閣府など。

　世界全体が社会民主主義的な思考を少しずつ取り込んできているのは確かであるが，急激な変化は起きない。日本が北欧型の福祉国家になることは恐らくない。北欧ほど福祉は充実することはないが，アメリカと異なり，ある程度政府が介入して社会保障に取り組むことになろう。結局のところ，消費税がヨーロッパ並みの20％になる時代は，筆者には想像できない。

　しかしながら，消費税の税率アップは，必要ではないか。それは，本章で指摘したように，社会保障費の増大が，さらなる日本の財政危機をもたらす懸念があるからに他ならない。

【注】

（ 1 ）　　Charles E. Mclure, Jr. ,Value Added Tax : Has the time Come ? In Charls E. Walker and Mark Bloomfield, eds. , New Directions in Federal Tax Policy for the 1980s 199（Cambridge. Mass. : Ballinger, 1983）.

（ 2 ）　　Alan A. Tait, VALUE ADDED TAX INTERNATIONAL PRACTICE AND PROBLEMS 40（International Monetary Fund Washington, DC 1988）.

（ 3 ）　　Stephen G. Utz, Ⅲ Taxation Panel : Tax Harmonization and Coordination in Europe and America 9 Conn. J. Int'l L 767, 791（Summer, 1994）.

（ 4 ）　　*See supra* note 1 at 199.

（ 5 ）　　*Id.*

（ 6 ）　　「1991年にバブルが崩壊し，日本経済は今日まで10年，本格的な景気回復と称されない状況が続いている。この間，景気不振にあえいでいる日本経済を立て直すため，所得税を中心に大規模な減税対策が実施された。所得税のみにとどまらず，法人税も減税対象とされ，長引く地価下落の元凶ということで地価税は凍結された。」石弘光『税制ウォッチング』（中公新書・2001年）51頁。

（ 7 ）　　「……，1991年のバブル崩壊後，日本経済は長引く景気停滞感に悩まされている。一応，1993年11月と1999年4月の二回，景気の谷を経験したと経済企画庁により公式には発表されている。しかしながらいずれの機会にも，景気が底を打ったとされる回復局面においても，力強い本格的な好況に至らず，21世紀に至っている。この間，政府は公共事業を中心に13回にわたる事業規模130兆円の総合経済対策を発動し，景気の下支えに努めてきた。」石・同上，53頁。

（ 8 ）　　石弘光『増税時代』（ちくま新書・2012年）82頁。

（ 9 ）　　出所：財務省：https : //www.mof.go.jp/about_mof/councils/fiscal_system_council/

（10）　　石・前掲注（ 8 ）165頁。

（11）　　井堀利宏『消費税増税は，なぜ経済学的に正しいのか』（ダイヤモンド社・2016年）48頁。

（12）　　消費税の欠陥の一つとしてしばしば言及されるのは，その逆進的税負担である。つまり低所得者ほど所得に対する消費税の割合が高くなるから，税負担が逆進的だとする主張である。この逆進性の問題は，欧州の付加価値税の先進国ではほとんど争点となっていない。というのは，付加価値税の税収の大半が福祉財源として低所得者の便益として還元されていると考えられているからである。逆進性を緩和する手段として軽減税率の導入なども考えられるが，やはり歳出面での低所得者対策や所得税それ自体の累進性強化，相続税の負担増の方が有力となろう。」石弘光『消費税の政治経済学』（日本経済出版社・2009年）260頁。

（13）　　前掲注（11）19頁。

（14）　　Michael Keen and Ben Lockwood, Is the VAT a money Machine? 911 National Tax Journal（December 2006）.

（15）　　Charles E. Mclure, Jr. , The Value? added Tax-key to Deficit Reduction ?（American Enterprise Institute for Public Policy Research, 42 Washington D.C, 1987).

(16)　Henry J Aaron, The Value-added Tax Lessons from Europe (Washington DC. The Brookings institution, 1981).

(17)　J. A. Stockfisch, The Value-added Tax as a "Money Machine" The CONSUMP-TION TAX a better Alternative? ed., Charles E. Walker and Mark A. Bloomfield 225 (Cambridge, Massachusetts : Ballinger Publishing Company, 1987).

(18)　*See id.* at 230.

(19)　*Id.*

(20)　石弘光「VATその後」フィナンシャル・レビュー9頁，1991年3月。

(21)　*See* Stockfisch *supra.* note 17 at 230.

(22)　石・前掲注(12)55頁。

(23)　佐々木毅『アメリカの保守とリベラル』（講談社学術文庫・1993年）10頁。

(24)　同上。

(25)　同上。

(26)　庄司香「Ⅰ部　政治」渡辺靖編著『現代アメリカ』（新曜社・2014年）25頁。

(27)　同上。

(28)　川島正樹『アファーマテイヴ・アクションの行方』（名古屋大学出版会・2014年）1頁。

(29)　庄司・前掲注(27)。

(30)　同上。

(31)　同上。

(32)　久保文明『アメリカ政治史』（有斐閣・2018年）117頁。

(33)　佐々木・前掲注(23)31頁。

(34)　佐々木・前掲注(23)18頁。

(35)　会田弘継，宇野重規「世界標準から見た「保守」「リベラル」」中央公論2013年5月号37頁。

(36)　庄司・前掲注(26)80頁。

(37)　久保・前掲注(32)200頁。

(38)　庄司・前掲注(26)80−81頁。

(39)　渡辺将人氏によると，アメリカでは，保守とリベラルでは，生活の嗜好が異なるという。たとえば，クアーズビール・ピープルとスターバックス・ピープルという分類がある。クアーズビール・ピープルが保守であり，スターバックス・ピープルがリベラルである。保守の飲み物，クアーズは，庶民的な飲み物であり，リベラルの飲み物，スターバックスは，経済的に富裕な階層か，新聞や雑誌を雰囲気の良い場所で読みたい知的な階層の飲み物である。ここに，消費の文化記号がみてとれる。渡辺将人『見えないアメリカ』（講談社現代新書・2008年）17−20頁。

(40)　もっともVATが大きな政府を作り出すかどうかまでの検証は難しいという指摘がある。矢野秀利「VATはマネー・マシーンか？−付加価値税と政府規模」税経通信第67巻15号127頁，2012年12月。

(41)　大谷英暉『消費税の歴史と問題点を読み解く』（幻冬舎ルネッサンス新書・2017年）100頁。

(42)　「日本では伝統的に北欧型の高負担を避け，第1章で触れた臨調方式のようにこの国民負担率を50％よりかなり低く抑えることを目標にしてきた。その背後には，高負担は非効率的な大きな政府に繋がり，社会福祉の整備により国民の働く意欲を萎えさせ，民間経済を圧迫し，成長を阻害するとの懸念があったからである。当時の日本が目指したのは，暗黙の裡にアメリカ型の小さな政府－低負担で民間主体の経済運営であった。」石・前掲注（8）260－261頁。

(43)　会田・宇野・前掲注(35)36頁。

(44)　矢野・前掲注(37)133頁。

(45)　「アメリカのように政府介入を極力排し，自助努力を信奉する国なら，社会保障負担も小さく国民負担率が30％でよいであろう。しかしながら，日本ではこのような社会的弱者に冷淡な自助に徹しきれないので，村落的な共同体意識を持つ以上，やはり共助・公助の世界にわれわれは向かわざるをえないであろう。」石・前掲注（8）262頁。

(46)　松本崇「全世代型市社会保障改革に向けて　若者の働き方支える視点を」『日本経済新聞』2019年11月1日朝刊。

第 7 章
消費税の非課税取引が引き起こす問題

第1節　はじめに

　消費になじまないという理由や社会政策的な配慮から，非課税とされる取引がある。わが国の現行消費税法の下では，以下のものが非課税とされている。

(1)　消費になじまないもの

①　土地の譲渡，貸付けなど

②　社債，株式等の譲渡，支払手段の譲渡など

③　利子，保証料，保険料など

④　郵便切手，印紙などの譲渡

⑤　商品券，プリペイドカードなどの譲渡

⑥　住民票，戸籍抄本等の行政手数料など

⑦　国際郵便為替，外国為替など

(2)　社会政策的な配慮に基づくもの

①　社会保険医療など

②　一定の社会福祉事業など

③　一定の学校の授業料，入学金，施設整備費，入学検定料，諸手数料

④　助産

⑤　埋葬料，火葬料

⑥　一定の身体障害者物品

⑦　教科書図書

⑧　住宅家賃等

　非課税取引というのは，文字どおりに読めば，税がまったく課税されない取引のことであるが，消費税に関していうと，税がまったく課税されない取引を非課税取引というわけではない。現行消費税法にいう非課税取引とは，あくまでも自己の売上にかかる消費税が非課税になるのみであり，仕入にかかる消費税のほうは課税される取引のことをいう。

　すなわち，非課税取引というものは，付加価値税の枠外にあるとされ，いわゆる仕入税額控除が受けられず付加価値税を負担しなければならない取引をいうのである。

　この消費税法における非課税取引の問題は，富岡幸雄教授[1]と三木義一教授[2]が，既に指摘している問題ではあるが，非課税取引が実は課税されているという実態は，一般の人々にはあまり知られていない。

　本章は，この消費税法における非課税取引を取り上げる。

第2節　消費税法における非課税の意味

　消費税を最終的に負担するのは消費者であって事業者ではない。事業者は，最終的に消費者に消費税を負担させるために，流通課程において，販売する物品やサービスの価格に消費税を上乗せして転嫁していくにすぎない。

　しかし，非課税取引に関しては，仕入税額控除が適用されないため，非課税取引を有する業者が消費税を転嫁できずに負担するケースが生じてしまう。非課税取引を有する業者は，売上に関しては消費税が課税されない反面，仕入に関しては仕入税額控除を受けることができないので，非課税取引とされた有利さを享受できない場合があるのである。

　消費税の最終的な負担者は，消費者であることが予定されているが，このような場合には，事業者が仕入れた際に付加された消費税を控除できないのであるから，その事業者が実質的負担者となってしまっているといえる。

　たとえば，事業者A，B，Cから消費者に商品が譲渡されていくとする。A，B，Cの売上がそれぞれ，1,000円，2,000円，3,000円として，税率が10％であったとする。事業者Cの売上が非課税であるとすると，事業者C自体の売上には消費税はかからないが，事業者Cは事業者Bから商品を購入する際に負担した消費税200円を控除できない。事業者Cが，この控除できなかった消費税200円を最終的に消費者に転嫁できればよいが，下記に示したように事業者Cがこれを転嫁できない場合には，非課税売上を有している事業者Cがその消費税を負担させられてしまう。

　非課税売上とされるのは，その売上が非課税とされるべき理由があったからであり，また消費税を負担すべきなのは，当然，最終消費者であるはずである。しかし，仕入税額控除が受けられないために，最終消費者ではない事業者Cが負担するケースが考えられるのである。

A	売上	1,000		
	付加価値税			100
B	仕入	1,000	+	50
	付加価値	1,000		
	売上	2,000		
	付加価値税			100
	税額控除		−	50
C	仕入	2,000	+	100
	付加価値	1,000		
	売上	3,000		
	付加価値税			0
	税額控除			0
消費者		3,000		

　"非課税"という言葉の響きは，課税されていないことを想像するが，消費税に関する非課税の真の意味は，その言葉の響きから受ける印象とは異なるものとなっている。

第3節 消費税法における非課税取引・不課税取引の問題

　消費税における非課税取引は，本当の意味で非課税ではなく，仕入税額控除を受けられず業者が負担している場合があることを指摘した。

　これに加えて，業者が負担するのを避けるため，現実には消費税分を付加して販売しており，実質的には消費者が負担しているケースもある。業者は，消費税としては転嫁できなくても価格に転嫁することができれば，消費税を負担しなくて済む。そこで，仕入税額控除を制度上受けられない非課税業者の中には，消費税を価格に転嫁している業者が存在するのである。たとえば，厚生労働省は，消費税率が上がると，診療報酬や薬価等の値段を引き上げている[3]。教育機関も同じで，いくつかの大学が，消費税率が上がると授業料を引き上げていることが指摘されている[4]。

　土地は非課税であるため，工夫すれば仕入税額控除を多く受けられるケースも存在する。土地付き建物の取得価額がそれである。土地付き建物を購入した場合はそれぞれの価格を決定しなければならないが，この場合の買う側には，建物の価値を高めようとする誘因がある。なぜなら，なるべく仕入税額控除を大きくしたいからである。逆に，土地の価値は低くしようという誘因が買う側には生じる。なぜなら，非課税である土地を購入しても，仕入税額控除を受けることができないので，土地に対する配分額はなるべく少ないほうが望ましいからである。また，買い手が建物の価値を高めたい理由は，仕入税額控除ばかりではない。土地には，減価償却という手続きはない。しかし，建物には，減価償却という手続きがあるので，経費が生じる。買い手は，税務上の経費が生じるので，建物の価値を高めたいのである。

　このように，土地が非課税であることが納税者の行動に影響を与えることは，税の中立性の観点から問題がある。

　マンション販売業者の仕入税額控除に関する問題もある。マンション会社が

取得したマンションが，課税売上げとなるのか，非課税売上げとなるのか，購入した時点でははっきりしていない。当初，マンション販売業者はマンションを購入した時点の目的が重視され，仕入税額控除を受けることができた。しかし，次第に一時的な賃貸収入に着目され，非課税売上げありとして，当該マンションの取得は，課税売上げと非課税売上げに共通する課税仕入れ等に係る仕入に課税売上割合を乗じて仕入税額控除額を計算するように税務当局から求められるという問題が生じている。マンション販売業者というのは，土地という非課税売上げが大きいので，課税売上割合が小さい。そのため，仕入税額控除が相当小さくなるという問題があるのである。

消費税の非課税取引だけではなく，消費税の不課税取引も同様に問題がある制度である。給与が不課税であるため，仕入税額控除を受けることができず，給与から外注費に切り替える業者が存在する。

もっとも，法人や事業者が，給与ではなく外注費として処理をしても，給与として認定される場合も生じている。

給与か外注費かを判断する基準として，消費税法基本通達1－1－1があり，次の要件に照らして，判断されることになる。

(1)　その契約に係る役務の提供の内容が他人の代替を容れるかどうか。

(2)　役務の提供に当たり使用者の指揮監督を受けるかどうか。

(3)　まだ引渡しを了しない完成品が不可抗力のため滅失した場合等においても，当該個人が権利として既に提供した役務に係る報酬の請求をなすことができるかどうか。

(4)　役務提供に係る材料又は用具等を供与されているかどうか。

たとえ外注費として処理しても，この条件と具体的内容とを照らして，外注費ではなく給与となると，通常払うべき税金だけではなくペナルティーとしての税金を払わなければいけなくなる場合がある。不課税取引という制度があるため，給与ではなく外注費処理という誘因があるのであるが，ペナルティーというリスクを負わなければならないのである。

第4節　む　す　び

　特別な意図，すなわち，消費になじまないという理由や社会政策的な配慮から非課税取引が存在する。

　しかしながら，非課税取引というものは，付加価値税の枠外にあるとされ，いわゆる仕入税額控除が受けられず，最終消費者ではない事業者が付加価値税を負担しなければならない場合がある。

　仕入税額控除を制度上受けられない非課税業者の中には，消費税を負担するのを避けるため，消費税を価格に転嫁するものもいる。この場合には，消費者がその消費税分を実質的に負担していることになる。

　また，非課税取引は，納税者の行動に影響を与えており，税制の中立性に関わる問題も引き起こしている。土地付き建物を購入した場合はそれぞれの価格を決定しなければならないが，仕入税額控除を受けたい場合に，非課税である土地よりも課税となる建物の価額を大きくすることがある。

　さらには，マンション販売業者が取得したマンションが，たまたま賃貸され，そこに非課税取引ありとされ，仕入れたマンションの仕入税額控除が全額受けられない恐れが生じている。

　さて，アラン（Alan）は [5]，その著書『付加価値税』〔1988〕の第3章非課税とゼロ税率の冒頭で，ルイス・キャロルの『不思議の国のアリス』に収められている以下の一節を掲げている [6]。

　　"Take care of the sense and the sounds will take care of themselves"

　「まずものごとの意味を知覚しなさい。そうすれば適切な言葉が自然に見つかる」という意味であろうか。『不思議の国のアリス』の世界では，言葉は，その使い手が表現したいものを意味することになるし，また，ものごとを知覚すれば，必然的に適切な言葉を見つけることができる。この種の命題は，アリスの世界が，現実の世界と異なり，ナンセンスな世界であるがゆえに成立する。

　現実の世界では，アリスの世界とは異なり，ものごとに対して，自由に言葉を割り当てることはできないし，また，ものごとを知覚すれば，必然的に適切な言葉が見つかるとは考えられてない。現実の世界においては，100人が知覚したものに，それぞれが言葉を割り当てるとすると，同じものに100の言葉が割り当てられる可能性があり，それでは言語として成立しない。

　しかしながら，本章で取りあげた消費税の非課税の議論においても，課税されているものに非課税という名前が付されているという意味で，アリスの世界のごときナンセンスを見出すことができる。

【注】

（1）　富岡幸雄「実施された「消費税」の基本的欠陥の検討－非課税取引・税率構造・簡易課税制度の吟味を中心として－」商学論叢第30巻第4・5・6号，1989年3月，53－57頁。
（2）　三木義一「非課税取引とゼロ税率」日税研論集第30号，1995年3月，197－226頁。
（3）　『日本経済新聞朝刊電子版』2013年12月14日。
（4）　『朝日新聞朝刊電子版』2013年12月27日。
（5）　Alan A. Tait, VALUE ADDED TAX INTERNATIONAL PRACTICE AND PROBLEMS 71（International Monetary Fund Washington, DC 1988）.
（6）　Lewis Carroll, Alice in Wonderland 71（W. W. Norton & Company, Inc. 1971）.

第 8 章
土地付き建物の取得価額

第1節　はじめに

　わが国では，消費税に関して，構造的な問題がいくつか存在している。たとえば，免税事業者の問題がある。免税事業者から仕入れた場合には，仕入れた側は仕入税額控除を受けることができないのが原則であるが，わが国では現在のところインボイス制度が採用されておらず，仕入税額控除を受けることができてしまう現状がある。課税売上げ5,000万円以下の中小企業が採用できる簡易課税制度も同様に問題があって，みなし仕入れ率を用いて実際よりも多額の仕入税額控除を受けている業者が存在する。

　消費になじまないとか，政策的な配慮から設けられている非課税制度も問題である。なぜなら，非課税制度は，消費税の適切な転嫁を妨げている側面があるからである。非課税ということになると消費税という制度の枠外にあるとされ，仕入税額控除を受けることができなくなる。そのため，非課税事業者は，仕入税額控除ができない消費税分を被るか，あるいは価格に転嫁するという現象が生じている。

　消費税の非課税制度は，税の中立性を損なうという問題も生ぜしめており，それが，本章で取り扱われる土地付き建物の取得価額に関する問題である。

　消費税が会計実務に与える影響は非常に大きく，納税者は，消費税を少なくするための工夫をするものである。たとえば，かつて賃貸マンションを営む事業者が自動販売機を設置することにより，消費税の還付を受けようとするスキ

ームが流行していた時期がある。

　そのスキームとは，次のようなものである。賃貸マンションを営む事業者が，賃貸マンションが完成する前に，マンションに自動販売機を設置する。賃貸料収入は，非課税であるが，一方の自動販売機の収入は，課税売上げであるので課税売上げが100％となり，賃貸マンション購入にかかった消費税全額が還付されることになるのである。賃貸料収入は，非課税売上げで，本来ならば消費税は還付されるはずがない。しかし，自動販売機を設置したことで，たとえ1本でもドリンクが売れれば，消費税の全額還付を受けることができたのである。

　所得をどう分類するかによっても消費税の金額は変わることがある。たとえば，塾講師の報酬をどの所得にするかによって，消費税の支払額が変化する。給与所得者は付加価値を生まないとされている。したがって，塾は，給与所得者として報酬を支払っても仕入税額控除を受けることはできない。しかし，事業所得として報酬を支払えば，仕入税額控除を塾が受けることができる可能性がある。実際，塾講師に対する報酬を給与所得ではなく事業所得として処理した納税者が存在し，裁判になっている（東京地裁平成25年（行ウ）第224号）[1]。もっとも，結局のところ，裁判では，納税者の処理は認められていない。

　土地付き建物を購入した場合は，それぞれの価額を決定しなければならない。契約書にそれぞれの価額が書かれている場合には，その契約書に書かれている金額で価額を決定することになる。しかし，土地と建物を同時に購入し，それぞれの金額が区分されていない場合には，それぞれの金額を決定する必要が生じる。

　それぞれの価額をどのように決定するかによって，税務上の有利不利が生じるので注意を要する。なぜなら，建物の購入には消費税がかかるが，土地の購入には消費税がかからないからである。

　消費税法基本通達11-4-2では，土地付き建物の取得に関して，次のように規定している。

　　11-4-2　事業者が，課税資産と非課税資産とを同一の者から同時に譲り受けた場合には，当該譲受けに係る支払対価の額を課税仕入れに係る

　支払対価の額とその他の仕入れに係る支払対価の額とに合理的に区分し
なければならないのであるが，建物と土地等を同一の者から同時に譲り
受けた場合において，その支払対価の額につき，所得税又は法人税の土
地の譲渡等に係る課税の特例の計算における取扱いにより区分している
ときは，その区分したところによる。

　土地と建物を一括して取得した場合は，それぞれの価額を合理的に区分しな
ければならないのであるが，その方法は一つではない。購入時の契約において
土地と建物の価額が区分されていない場合には，購入価額の総額を購入時の時
価で按分して計算することになるが，この場合の時価の決定にはいくつかの方
法があるのである。たとえば，(1)固定資産税評価額を基準にする場合，(2)建物
の標準的な建築価額表を基準にする場合，(3)相続税評価額を基準にする場合な
どがある。

　消費税に関しては，購入側はなるべく仕入税額控除を大きく計上したいので，
課税となる建物の金額が大きくなる評価をする誘因が生じるし，逆に売る側は
仮受消費税をなるべく少なくしたいので，消費税が課税されない土地の金額が
大きくなる評価をする誘因が生じることになる。

　本章のタイトルのように買う側であるとすると，建物の価値を高めるための
別の誘因が存在する。土地は減価償却という手続きはないが，建物は減価償却
という手続きを行う必要が生じる。減価償却費は，経費になる。建物の価値を
高めたい誘因が生じるのは，消費税だけではなく，減価償却費が大きくなるた
めでもあるのである。

　本章では，消費税の非課税がもたらす税の不公平の問題をまず論じ，次に非
課税取引が生み出している土地付き建物の取得価額の税の中立性に関する問題
を論じていく。

第2節　消費税の非課税制度がもたらす不公平

　消費税法には，非課税規定が設けられている。まず，消費になじまないとされ，非課税とされているものがある。たとえば，郵便切手，印紙などの譲渡や，利子，保証料，保険料などが非課税とされる。これに関して，金子宏教授は[(2)]，これらのものは合理性と妥当性があるとし，たとえば国内郵便物を発送する際には郵送料として消費税込みの切手を貼るので，国が行う郵便切手の譲渡に消費税を課すことにすると二重課税が行われることになってしまうとしている。

　また，特別の社会政策的配慮に基づいて非課税となるものがあり，教育に関するものや医療関係のものが非課税とされている。これらの政策的非課税にも，合理的な理由がある。

　しかしながら，非課税制度には問題があり，なるべく少ないほうが望ましい[(3)]。金子宏教授は，政策的非課税の合理性を認めつつも問題があり，その存続を検討すべきことを次のように指摘している[(4)]。

　　「これらの非課税措置は，おおむね合理的な理由を持っていると思われるが，しかしそれだけ消費税の課税ベースをせばめていることは否定できない。これらの措置についてもタブーと考えることなしに，たえずその妥当性を検討すべきであろう。」

　また，非課税といっても，自己の売上げにかかる消費税が非課税になるばかりで，仕入れにかかる消費税が非課税となるわけではない。したがって，非課税売上を有する業者は，仕入れに係る消費税を負担するが，転嫁できない状況が生じてしまう。非課税取引は，そのままでは付加価値税取引の枠外であるとされ，仕入税額控除ができず，また売上げに転嫁できなければ，事業者が負担することになってしまうのである[(5)]。三木義一教授は，このことについて，次のように述べている[(6)]。

　　「前段階控除説は，付加価値税の『核心』『本質』といってもよいも

　のであるが，非課税取引にはこの前段階税額控除制度が適用されない

　ため，付加価値税制の最大のメリットが失われると同時に様々な不合

　理を生み出すことになる。」

　アラン（Alan）が指摘しているように，付加価値税に関して言語学的に奇妙なことは，非課税業者というのは，仕入税額控除ができずに，現実には付加価値税を支払わなければならないということである[7]。Alanは，ルイス・キャロルの『不思議の国のアリス』にでてくる一節をあげて，非課税という名前とは異なり，現実は課税されていることを指摘している。"Take care of the sense and the sounds will take care of themselves[8]（まずものごとの意味を知覚しなさい。そうすれば適切な言葉が自然に見つかる）"

　もっとも，消費税としては転嫁できなくても，価格に転嫁できれば，消費税を負担しないで済むことになる。そこで，仕入税額控除できない事業者は，その転嫁できない消費税を価格に転嫁するようになるのである。このことをOECDの報告書では，"隠れた税金（hidden tax）"と呼んでいる[9]。非課税取引は，製造段階が重なると，結果的に変動税率での隠れた税金を生んでしまうことになるのである。

　わが国でも，価格に転嫁できる場合には，非課税事業者は，消費税を価格に転嫁している。厚生労働省は，消費税率が上がるたびに，平成元年，平成9年，平成26年と，これに応じる形で，いずれも診療報酬や薬価等の値段を引き上げている[10]。また，早稲田大学，明治大学，日本大学など多数の私立大学が，平成26年消費税率アップとともに授業料を引き上げている[11]。大学側は，教育の質向上のためと説明するが[12]，消費税率が5％から8％にアップするタイミングでの値上げであり，消費税率のアップと関連性があるといってよいだろう[13]。

　しかしながら，これでは非課税規定の意味がなくなってしまう。なぜなら，非課税とは名ばかりで，実質的には最終消費者に課税されているからである。先に述べたように，教育に関するものや医療関係のものは非課税とされているが，現実には通常消費税が価格に転嫁されることが行われ，非課税規定が形骸化している実態がある。

ヨーロッパで付加価値税が導入された際も，当然非課税取引に関して，税の累積（tax cascade）が生じるということはわかっていたはずだが，なぜか制度設計の際には特別な工夫がなされていない。ヨーロッパ諸国で当初採用されていたのは取引高税（turnover tax）であり，これは取引が行われるごとに税金が課されていくので税の累積が生じ，法定税率を超える税が課されるという問題が生じていて，やがて取引高税から付加価値税を採用するようになった経緯がある[14]。非課税取引は，税の累積額が生じてしまう場合があり，その意味では，以前採用されていた取引高税と同じ問題を引き起こすものなのである。

　もっとも，ゼロ税率を採用すれば，この税の累積の問題を除去することができる。ゼロ税率が適用される取引は，ゼロという税率が適用されるので，付加価値税の枠内にあるとされ，仕入税額控除を受けることができ，実質的な非課税とすることができる。

　ゼロ税率を採用すれば，非課税取引であっても税の累積は生じない。もっともゼロ税率は，島国の場合は実施されやすいが，そうでないと実施されにくいという側面がある。ゼロ税率を積極的に採用しているのは，イギリス，アイルランド，そしてポーランドである[15]。ポーランドは異なるが，イギリスとアイルランドは島国である。この二つの国は，ヨーロッパに属しているが，他のヨーロッパ諸国と地続きではない。したがって，低税率，極端にゼロ税率であっても，他のヨーロッパの国々から海を越えて買い物に行くのは容易でない。そこでイギリスやアイルランドでは，ゼロ税率が受け入れられているところがあるように思われる。ヨーロッパの付加価値税は税率が高い。下記の表で明らかなように，20％以上である[16]。経済学の本では，ヨーロッパの付加価値税の税率が高い理由として，公共サービスが充実しているとか，間接税のため取りやすいとかいう理由があげられているが[17]，ヨーロッパは地続きなので調和が重要であるということがある。1993年1月時点でEUに属する国々は，いくつかの例外を認めながらも，15％という高い標準税率に合意したことにも，その調和の姿勢が表れている[18]。先に述べたように，取引高税から付加価値税への劇的な転換も，ヨーロッパにおいては調和が重要である例としてあげられる[19]。

Annex Table 2.A.1. VAT rates[1]

Implemented		1975	1995	2005	2007	2008	2009	2010	2011	2012	2013	2014	2015	2016	2017	2018	Reduced rates[2]	Specific regional rates
Australia	2000	-	-	10	10	10	10	10	10	10	10	10	10	10	10	10	0	-
Austria*	1973	16	20	20	20	20	20	20	20	20	20	20	20	20	20	20	10.0/13.0	19
Belgium	1971	18	20.5	21	21	21	21	21	21	21	21	21	21	21	21	21	0.0/6.0/12.0	-
Canada*	1991	-	7	7	6	5	5	5	5	5	5	5	5	5	5	5	0	13.0/15.0
Chile	1975	20	18	19	19	19	19	19	19	19	19	19	19	19	19	19	-	-
Czech Republic	1993	-	22	19	19	19	20	20	20	20	21	21	21	21	21	21	10.0/15.0	-
Denmark	1967	15	25	25	25	25	25	25	25	25	25	25	25	25	25	25	0	-
Estonia	1991	-	18	18	18	18	18	20	20	20	20	20	20	20	20	20	0.0/9.0	-
Finland	1994	-	22	22	22	22	22	22	23	23	24	24	24	24	24	24	0.0/10.0/14.0	-
France*	1968	20	20.6	19.6	19.6	19.6	19.6	19.6	19.6	19.6	19.6	20	20	20	20	20	2.1/5.5/10.0	0.9/2.1/10.0/13.0 & 1.05/1.75/2.1/8.5
Germany	1968	11	15	16	19	19	19	19	19	19	19	19	19	19	19	19	7	-
Greece*	1987	-	18	18	19	19	19	19	23	23	23	23	23	23	24	24	6.0/13.0	4.0/9.0/17.0
Hungary	1988	-	25	25	20	20	25	25	25	27	27	27	27	27	27	27	5.0/18.0	-
Iceland	1990	-	24.5	24.5	24.5	24.5	24.5	25.5	25.5	25.5	25.5	25.5	24	24	24	24	0.0/11.0	-
Ireland	1972	19.5	21	21	21	21	21.5	21	21	23	23	23	23	23	23	23	0.0/4.8/9.0/13.5	-
Israel*	1976	-	17	17	15.5	15.5	15.5	16	16	16	17	18	18	17	17	17	0	0
Italy	1973	12	19	20	20	20	20	20	20	21	21	22	22	22	22	22	4.0/5.0/10.0	-
Japan	1989	-	3	5	5	5	5	5	5	5	5	5	8	8	8	8	-	-
Korea	1977	-	10	10	10	10	10	10	10	10	10	10	10	10	10	10	-	-
Latvia	1995	-	18	18	18	18	21	21	22	22	21	21	21	21	21	21	5.0/12.0	-
Lithuania	1994	-	18	18	18	18	19	21	21	21	21	21	21	21	21	21	5.0/9.0	-
Luxembourg	1970	10	15	15	15	15	15	15	15	15	15	15	17	17	17	17	3.0/8.0/14.0	-
Mexico	1980	-	10	15	15	15	15	16	16	16	16	16	16	16	16	16	0	-
Netherlands	1969	16	17.5	19	19	19	19	19	19	19	21	21	21	21	21	21	6	-
New Zealand	1986	-	12.5	12.5	12.5	12.5	12.5	12.5	15	15	15	15	15	15	15	15	0	-
Norway	1970	20	23	25	25	25	25	25	25	25	25	25	25	25	25	25	0.0/12.0/15.0	-
Poland	1993	-	22	22	22	22	22	22	23	23	23	23	23	23	23	23	5.0/8.0	-
Portugal*	1986	-	17	19	21	21	20	20	23	23	23	23	23	23	23	23	6.0/13.0	4.0/9.0/18.0 &
Slovak Republic	1993	-	25	19	19	19	19	19	20	20	20	20	20	20	20	20	10	-
Slovenia	1999	-	-	20	20	20	20	20	20	20	20	22	22	22	22	22	9.5	-
Spain*	1986	-	16	16	16	16	16	16	18	18	21	21	21	21	21	21	4.0/10.0	0.0/2.75/3.0/7.0/9.5/13.5/ 20.0 & 0.5/10.0
Sweden	1969	17.7	25	25	25	25	25	25	25	25	25	25	25	25	25	25	0.0/6.0/12.0	-
Switzerland	1995	-	6.5	7.6	7.6	7.6	7.6	7.6	8	8	8	8	8	8	8	7.7	0.0/2.5/3.7	-
Turkey	1985	-	15	18	18	18	18	18	18	18	18	18	18	18	18	18	1.0/8.0	-
United Kingdom	1973	8	17.5	17.5	17.5	17.5	15	17.5	20	20	20	20	20	20	20	20	0.0/5.0	-
Unweighted average		15.6	17.7	17.8	17.8	17.7	17.6	18.2	18.7	18.9	19.1	19.2	19.3	19.3	19.3	19.3		

出所：OECD, Consumption Tax Trends VAT/GST and Excise rates, Trends and Administration Issues 68, 2018.

　さて，ゼロ税率を用いないならば，消費税の非課税規定は，税制の公平性を損なう側面を有しているといえるのではないか。非課税売上があっても，価格に転嫁できる業者と，どうしても価格に転嫁できない業者が存在することは，明らかに消費税が税の公平性を損なっている。Alan も次のように述べて，非課税が不公平を生ぜしめることを指摘している[20]。

　　「非課税業者は，課税当局に記録される必要もないしまた付加価値税
　　の記録を維持する必要性もない（しかし，もちろん同様の記録は所得
　　税のために維持される）。したがって，明らかに非課税は付加価値税の
　　管理を単純にするのに役立つが，しかし不公平を生み出す。」

　さて，本章で取り扱われている土地付き建物の譲渡の場合には，土地が非課税であるという理由で，また別の中立性を損なう事態が生じている。

第3節　土地付き建物の取得価額の評価

　土地や建物の譲渡を行う場合には，1月1日から売却時までの固定資産税と都市計画税の日割り計算を行い，その固定資産税相当額を付加して売却するのが通例である。たとえば，次のような事例を考えてみる。

譲渡日	平成30年6月30日	
譲渡価格	12,000,000円（税込）	
固定資産税評価額	固定資産税（1.4％）+ 都市計画税（0.3％）	
建物	5,000,000円	85,000円
土地	10,000,000円	170,000円

　売主と買主で売買契約をし，上記のように，譲渡価格12,000,000円（税込）で合意したとしよう。この時，不動産取引の慣習として，譲渡価格とは別に固定資産税と都市計画税の日割り分の清算をする。建物分85,000円×6カ月÷12か月＝42,500円と土地分170,000円×6か月÷12か月＝85,000円となり，この固定資産税分を加えて，売主は買主へ12,000,000円＋42,500円＋85,000円＝12,127,500円で売却することになる。

～土地，建物のそれぞれの取得価額を算出する～

平成27年購入

購入価格30,000,000円（土地及び建物の合計：内訳不明，消費税額不明）

　土地の面積300㎡

　建物（アパート）

　　建築年：平成16年

　　延べ床面積：170㎡

① 固定資産税評価額を基準にする場合（固定資産税評価額で購入価格を案分する）

固定資産税評価額

　　土地　　6,500,000円

　　建物　　9,000,000円

　　合計　　15,500,000円

土地の取得価額

　　30,000,000円×6,500,000円÷15,500,000円＝<u>12,580,645円</u>

建物の取得価額

　　30,000,000円×9,000,000円÷15,500,000円＝<u>17,419,355円（うち消費税</u>

　　<u>1,290,322円）</u>

② 建物の標準的な建築価額表を基準にする場合（譲渡所得を計算する場合に使われる）

建物の取得価額

　　(A)　130,600円[※1]×170㎡＝22,202,000円

　　　※1　『建物の標準的な建築価額表（国税庁より）』で求めた建築単価（平成16年，鉄骨）：130,600円／㎡

　　(B)　22,202,000円×0.9×0.034×11年＝7,473,193円（減価の額）

　　(C)　(A)－(B)＝<u>14,728,807円（うち消費税1,091,022円）</u>

土地の取得価額（差額）

　　　　30,000,000円－14,728,807円＝<u>15,271,193円</u>

③ 相続税評価額を基準にする場合

土地の取得価額

　　(26,000円（路線価）×300㎡)＝7,800,000円

建物の取得価額（固定資産税評価額）9,000,000円

　　　　　　　　　　合計　16,800,000円

土地の取得価額

　　30,000,000円×7,800,000円÷16,800,000円＝13,928,571円

建物の取得価額

　30,000,000円×9,000,000円÷16,800,000円＝<u>16,071,428円（うち消費税額</u>
<u>1,190,476円）</u>

　上記の場合を比較衡量した結果，固定資産税評価額が有利になるので，固定
資産税評価額を採用することになろう。

　しかしながら，どの評価額が有利になるかは，ケースバイケースであろう。固
定資産税評価額は時価の７掛けといわれていて，建物を新品で評価したような
場合には，まだ減価償却されていないので，時価よりも金額が低く評価されて
しまうことがある。また，相続税評価額の場合には，建物の評価は固定資産税
評価額で行うが，土地は借家人の権利を引くと７割ぐらいになり，土地の評価
を低めることができる場合がある。買う側である場合には，相続税評価額が有
利になる場合があるのである。

第４節　土地付き建物を評価する際の時価の選択

　土地付き建物の取得価額の評価方法として，まず固定資産税評価額を中心に
考察していく。

　固定資産税の性格として，収益税と捉える考え方と財産税と捉える考え方と
がある。

　固定資産税の前身は地租と家屋税であり，土地・家屋の賃貸価格を課税標準
としていたので，これは収益税であったし，また固定資産税も賃貸価格をもと
に算出したものであり，これからすると収益税という見方も成り立つ。シャウ
プ使節団は，市町村の独立の財源として十分な税収をあげうる手段として，地
租・家屋税を徹底的に改革して固定資産税を導入すべきことを勧告した[21]。そ
して，課税標準としては，土地・家屋及び資本価格（capital Value）を使用す
ることにし[22]，具体的には，1963年の賃貸価格を200倍して1964年現在の賃貸
価格の見積額を算出し，それを５倍することを提案している[23]。このようにし

て計算された理由は，土地及び家屋の賃貸価額が再評価されて以来，改定が行われておらず地租と家屋税の課税標準が非現実的なものになっており，その非現実的な価額を現実的な価額に修正するためであった[24]。

　しかしながら，財産税が最も適切な見解とされている説である[25]。固定資産を所有していると，上下水道の整備，ごみの処理，保育園や学校などの教育機関，消防，し尿処理施設などの市町村の行政サービスを受けることになるが，これらのサービスを享受することにより，固定資産がその効用や収益力を継続的に得られ，また，これらの市町村のサービスを受けることにより，固定資産の価値が増加するとみることもできる。次のように，この公共サービスの対価として支払われるのが固定資産税であるというのである[26]。

　　「固定資産税は，固定資産の所在と市町村の行政サービスとの間に存する受益関係に着目して課される税である。すなわち，住宅や工場ができれば，市町村道や上下水道の整備，ゴミ，し尿処理施設や幼稚園，学校などの教育施設の充実などが必要であり，より直接的には，これらの資産を火災等の災害から守るための消防活動の充実も必要になる。また，場合によっては，工場からの公害の防止対策も講じなければならなくなる。このように，固定資産の存在それ自体が市町村の行政サービスを必要とするものであり，これらの行政サービスを享受することにより，固定資産がその効用なり収益力を継続的に発揮しているわけである。他方，見方を変えれば，都市計画事業や市町村道，上下水道などが整備されることにより，固定資産の価値が増加するという意味でも市町村の行政サービスとの受益関係を認めることができる。以上のとおり，固定資産は，積極的な意味でも消極的な意味でも市町村の行政サービスとの間に強い受益関係が認められる。このような固定資産に市町村の行政サービスの費用の一部を負担させるのが固定資産税であり，市町村税として最もふさわしい税であるとされるゆえんである。このような観点から，固定資産税は，応益的な性格を持った財産税であるということができる。」

シャウプ勧告でも同様の指摘は見られ，勧告では，固定資産税を市町村の行政サービスから受ける保護と便益の対価であるとしており，これは，財産税説に合致する考え方である[27]。

　この財産税である固定資産税は，地方税法349条でも，固定資産税の課税標準は固定資産の価額であるとされ，この場合の価額とは適正な時価をいうとされていて（地方税法341条5号），土地付き建物の取得価額の評価額として，まずこの固定資産税評価額をあげることができよう。

　また，理論的な根拠ではないが，固定資産税評価額は，他の評価方法よりも利用のしやすさというメリットがある。賃貸価額で評価する収益税は，評価が難しい側面があることは否めない。また，固定資産税の場合は固定資産税の課税明細書が送られてくるので，評価の際にはこの評価額を用いるのが便利である。売却時には固定資産税を案分する必要性があるが，固定資産税は1月1日に所有している人に課税されるので，売却の時に固定資産税の日割計算をして売却代金に含めるようにすればよい。また，消費税の計算のために，土地と建物の按分計算をしなければならなくなった時は，市役所を訪れれば他の関係ない物件は除いて，必要な部分だけ固定資産税評価額の課税明細を手に入れることが通常は容易にできる。

　さらにいえば，収益税の場合は賃貸価額で評価するのであるが，固定資産を賃貸することを予定していない資産が数多くあり，賃貸を予定していない固定資産を賃貸価額で評価することに問題があることは間違いない。

　建物の標準的な建築価額表を基準にすることもできるが，こちらは自分で「建物の標準的な建築価額表」を用いて計算しなければならないので，固定資産税評価額を用いることと比較すると若干面倒になる。さらには，不動産鑑定士の評価は特に必要ないし，固定資産税評価額は便利である。

　こうして考えてくると，固定資産税評価額は，使いやすいということはいえる。

　もっとも，山本守之氏は，固定資産税評価額は時価との間に乖離があり，アンバランスであるために不適切であるとして，次のように述べている[28]。

　「例えば，……固定資産税評価額は，時価との間に大きな乖離がある
ばかりではなく，土地，建物との間にアンバランスがある。このため，
相続税評価においては，建物は固定資産税評価額によって評価するの
に対して，土地については倍率方式又は路線価方式によっているので
ある。」

　しかしながら，下記の図でわかるように，固定資産税評価額は，最近は，時
価に近づいてきている。もっとも，固定資産税評価額は，時価よりも低い状態
で推移していることは否めない。

商業地等における地価と評価額・課税標準額の推移（全国）

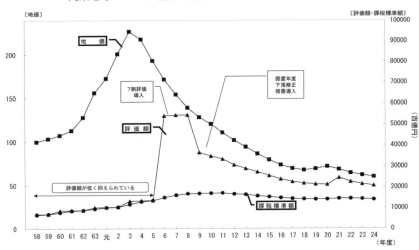

（注）1　地価は，地価公示価格（商業地の全国平均）について，昭和58年を100とし，各年の対前年変
　　　　動率を連乗したもの。
　　　2　評価額は，固定資産税評価額（商業地等）である。
　　　3　課税標準額は，固定資産税課税標準額（商業地等）である。
出所：一般社団法人　資産評価システム研究センター『地方税における資産課税のあり方に関する
　　　調査研究－平成27年度評価替えに向けた負担調整措置のあり方－－所有者実態が不明確な土
　　　地・家屋に対する固定資産税実務の現状－』2014年3月72頁。
　　　http://recpas.or.jp/new/jigyo/report_web/pdf/h26_all/h26_report_arikata.pdf

第5節 不動産鑑定士の評価が不適切であると された事例

前述したように，山本氏は，固定資産税評価額は不適切であり，たとえば不動産鑑定士の鑑定評価額がより適切であるとしているが，不動産鑑定士の評価も適切ではないとされている裁決事例が存在するので[29]，ここではこの裁決事例を検討したい（平成27年6月1日裁決）。

課税庁側の見解では，土地建物の評価額として，①土地及び建物の販売価額が区分されている類似物件の実例価額，②鑑定評価による価額，③土地及び建物の相続税評価額，④固定資産税評価額が存在するが，以下の理由から，④の固定資産税評価額が適切な評価方法であるとしている。

課税庁側は，①の土地及び建物の販売価額が区分されている類似物件の実例価額，②の鑑定評価による価額は，その算出に多大な費用を要するもので，納税者の公平，納税者の便宜及び徴税費用の節減の観点から合理的とはいえず，③の土地及び建物の相続税評価額は，土地に関しては国税局が算出した路線価を，建物は地方公共団体が算出した固定資産税評価額をそれぞれ基礎としており，土地と建物とで算出機関及び算出時期が異なるため，土地及び建物の適切な価額比を導き出すのに必ずしも適当ではないとしている。

これに対して，④の固定資産税評価額は，特に中古物件の場合には，簡易，迅速に土地及び建物の価額を把握して按分することができ，土地の場合は地価公示価額や売買実例等を基に評価し，建物の場合は再建築価額に基づいて評価されているから，土地及び建物ともに時価を反映しているものと考えられること，土地及び建物の算出機関及び算出時期が同一であるから，いずれも同一時期の時価を反映しているものと考えられることに照らして他の方法に比しより実態に近い合理的な算出方法であると認められると課税庁側は主張している。

また，課税庁側は，本件では，競売時に評価人により作成された不動産評価書が存在しているが，これは本件土地建物を別々のものに譲渡されることを前

提に評価が行われているもので，本件のように一括取得した場合とは前提が異なるので，適切な評価ではないとしている。

　納税者側は，一括取得した土地付き建物の価額が区分されていない場合は，第三者である不動産鑑定士の鑑定評価による土地及び建物の評価額の比率により区分を行うことが客観的であり，かつ合理的である。したがって，本件評価書に記載された土地建物の評価額の比率により按分すべきであるとしている。

　また，納税者側は，次のように主張している。固定資産税評価額は３年ごとに見直しが行われるうえ，本件競売建物に係る家屋の固定資産税評価額には本件内部造作の価額が含まれないから，鑑定評価による価額に比べて合理的ではない。そして，本件不動産の取得時期は，平成23年３月11日に発生した東日本大震災直後であり，土地の価格は下落を重ねていた時期であるから，東日本大震災の前に評価が行われている固定資産税評価額を安易に用いるべきではない。さらには，固定資産税評価額の算出期間において，評価額の修正が発生し，正確性に欠けるという報道があると納税者は付け加えている。

　本件の場合は，東日本大震災の影響があり，固定資産税評価額よりも土地の実質的価値は低いと考えられるので納税者の見解も理解できる。しかし，土地の値段が低く評価され，建物の金額が大きいとなると，仕入税額控除が大きくなるので，納税者が有利になる点は注意しておかなければならない。

　国税不服審判所は，不動産鑑定士の評価は，財団法人建設物調査会が発行する「建物実例データ集　改訂版　建物の鑑定評価必携」により行っているが，本件競売建物が鉄筋コンクリート造であるのに対して，これと異なる構造である鉄骨造の建物が選定されていることを指摘している。

　また，国税不服審判所は，固定資産税評価額は，土地の場合は路線価と同様に地価公示価格や売買実例等を基に評価され，家屋の場合は再建築価額に基づいて評価されていて，土地及び家屋の時価が反映されており，土地と家屋の価額の算出機関及び算出時期が同一であるから，土地及び家屋の固定資産税評価額はいずれも同一時期の時価を反映しているものと考えられ，合理的であるとしている。

国税不服審判所は，固定資産税評価額は３年ごとに見直しが行われているという原告の主張に対しては，本件のように，時点修正が行われる限りにおいて，３年ごとに見直しが行われるという事実のみをもって，鑑定評価による価額を用いる方法に比べ，合理的な算出方法ではないということはできないとしている。

　次に，国税不服審判所は，本件の固定資産税評価額は，内部造作を含めた固定資産税評価額であり，また仮に本件内部造作が評価対象にされていなかったとしても，そのことのみをもって原告の評価が固定資産税評価額より客観的で合理的であるとまではいえず，土地と建物等の価額の客観的なバランスという観点からは，固定資産税評価額のほうが合理的であるとしている。

　加えて，国税不服審判所は，固定資産税評価額に相当する金額は，その評価の時点が東日本大震災前の時点であったとしても，いずれも同一時期の時価を反映し，均衡があり，合理的に算出されたものである，これらの金額に基づき算出された比率に合理性があると認められ，また東日本大震災等により，本件土地，建物の価額の比率が震災前と大きく異なったというような特段の客観的証拠はないとしている。

　さらに，国税不服審判所は，平成24年８月28日付の総務省発表の「固定資産税及び都市計画税にかかる税額修正の状況調査結果」と題する報道資料によると，税額修正のあった人数が納税義務者に占める割合は，土地及び家屋のいずれも平均で0.2％である旨の記載があり，また当該資料は本件土地建物にかかる固定資産税評価額に修正があったことを示すものではないとしている。

　まとめると，国税不服審判所は，固定資産税評価額が，土地，建物の時価を客観的に評価した合理的な評価額であり，不動産鑑定士の評価は，本件競売建物が鉄筋コンクリート造であるのに，選定された評価額が鉄骨造の建物であり，これと異なる構造であるため適切な評価ではないとしているのである。

　不動産鑑定士は，不動産評価の専門家であり，時価と全くかけ離れた評価をすることは考えられない。しかし，納税者の意向があれば，ある程度の納税者の意向を汲んで適切な評価をしようとするものではないか。したがって，不動

産鑑定士の評価は，完全に客観的な評価であるとはいえないところがあるのではないか。固定資産税評価額は，容易に納税者の手に入るものであり，納税者としては利用しやすいものである。その入手が容易な固定資産税評価額を採用せず費用がかかるし，また時間もかかる不動産鑑定士の評価をあえて採用するのには，納税者にとって何か特別な理由があるのではないか。本件の場合は，消費税の仕入税額控除をできるだけ多く受けたいとする納税者が，不動産鑑定士の評価が有利だと判断して，不動産鑑定士の評価を受けたのではないか。

　固定資産税評価額は，客観性があり使いやすいが，実際は消費税のことを考慮して，いくつかある評価方法から選択している状況があるのは否めない。ここで取り上げた不動産鑑定士の評価が不適切であるとされた事例では，その問題を浮き彫りにしているのではないか。

第6節　土地取引を非課税から課税にする論拠

　非課税取引は税の中立性を損なう。本章の冒頭で指摘したように，賃貸マンションを営む事業者が，マンションに自動販売機を設置して，課税売上を100％にして，賃貸マンション購入にかかった消費税全額の還付を受けるという納税者の節税戦略があった。このいわゆる自販機スキームは，賃貸マンションの収入が非課税であるため当然とはいえ，その後問題視され，この税の抜け穴は現在では塞がれてはいる。現在では，賃貸マンションの課税仕入れを行うと，どのタイミングであっても3年間は，免税事業者に変更できないため，結果として，課税売上割合が著しく変動した場合の調整対象固定資産に関する仕入れに係る消費税額の調整（消費税法33条）規定の対象となり，還付を受けた消費税の取戻しが行われることになっている。

　こうした納税者の行動は，賃貸マンション収入の消費税の非課税という制度が引き起こしたものであり，税の中立性を損なう。筆者は，賃貸マンションにかかる収入の非課税制度も問題であると考えている。

さて，消費税の非課税規定は，本章の課題である，土地付き建物の評価にも，大きな影響を与えており，消費税の多寡により，納税者が評価方法を変えることができる状況にある。消費税の多寡で評価方法を決めるのは，やはり問題であろう。

　土地の購入は，通常の意味では資本の移転であり，消費支出ではないため，非課税とされている。金子教授も，土地は，使用や時間の経過によって摩滅ないし減耗しないので，土地取引はその性質上，消費税になじまないという考え方には一理あるとしている[30]。

　しかしながら，次に示すように，土地取引を非課税としている現行の消費税制度に疑問を示している[31]。金子教授は，ダイヤモンドや貴金属も摩滅しないが，消費税の対象である。ダイヤモンド等は，用益または所有によって得られる満足感があるので，広義のサービスの消費に該当するから消費税の対象とされていると考えられるが，土地も同様に用益または所有によって得られる満足感があるのではないかとしている。

　また，金子教授は，土地は製品という新しい経済的価値を創出しており，消費税を課すことに理論上の問題はないとしている[32]。そして金子教授は，土地は，建物，機械，設備と同様に付加価値を生み出す源泉となっており，土地の購入ないし賃借に消費税を課すことは，理論上の障害は全くないとしている[33]。

　アラン（Alan）も，土地の購入は，通常の意味では消費支出ではないとしながらも，土地の購入と売却の価値の変動に付加価値税を課すことは実用的であるとしている[34]。

　カナダ，オーストラリア，そしてニュージーランドといった国で採用されているモダン（Modern）VATは，土地にも付加価値税を課している[35]。ヨーロッパでは，土地は付加価値を生まないとされ，付加価値税は非課税とされてきたが，この取り扱いは，大きな複雑性とゆがみを結果的に引き起こす[36]。より公平性を担保するため，モダン（modern）VATでは，土地にも付加価値税を付加することにしている[37]。

　金子教授が指摘するように，土地は，製品という付加価値を生み出す源泉と

なっているものであり，アラン（Alan）が指摘しているように，土地の取得価額と売却価額の変動に，付加価値税を課すことは実用的でもある。カナダやオーストラリアなどの諸国が採用しているモダンVATに習い，土地を非課税から課税取引にすれば，土地付き建物の取得価額が引き起こしている問題を解決できるのではないか。

第7節　む　す　び

　消費税の非課税取引は，不公平を生ぜしめている。業者は，非課税取引となると消費税というシステムの枠外にあるとされ，仕入税額控除が受けられなくなる。そこで，そのまま消費税を転嫁できないままになる非課税事業者も存在するし，また逆に非課税とは名ばかりで，価格に転嫁する非課税事業者も存在している。この状況には，もちろん問題がある。

　本章で取り扱った土地付き建物の取得価額も問題であり，土地について消費税が非課税であるために建物の価額を高め，土地の評価を低くするという選択が可能となる状況があり，税の中立性を損なうという問題が生じている。

　本章で指摘したように，土地に関しては非課税を取りやめている国々もあり，土地取引は単なる資本の移転で，消費ではないという先入観から逃れて，わが国でも課税のほうに方向転換を図ることを検討すべきではないだろうか。

　合法的に消費税が少なくなる方法を選択することができるものがあり，これは現行制度上認められているものではあるが，筆者はこれにも税の中立性に関して問題があると考えている。それは，本章で指摘したように，みなし仕入率を用いた簡易課税方式である。通常は，課税売上げに係る消費税額から課税仕入等に係る消費税額を差し引いて，消費税の納税額を計算する。しかし，中小企業者にとって，その事務処理は煩雑であると考えられている。そこで，中小企業の事務処理を簡便なものにするために，一定の中小企業者に対して簡易課税方式が認められている。簡易課税の場合には，課税売上げに係る消費税額に

法定のみなし仕入率を乗じることにより，消費税額を計算することになっている。実際の仕入率がみなし仕入率よりも低い納税者は，簡易課税制度を利用している。これも税の中立性をゆがめている。

さらに，簡易課税制度を選択しようとする場合には，原則としてその選択をしようとする課税期間の初日の前日までに消費税簡易課税制度選択届出書を所轄税務署長に提出しなければならないことになっており，しかも2年間は継続して簡易課税制度を採用しなければならない（消費税法37条1項）。このため，急に予定していなかった多額の課税仕入れ，たとえば多額の建物の購入などがあるときは，みなし仕入率よりも実際の仕入率のほうが大きくなり，納税者と税理士が裁判により争う場合も出てくるので[38]，そうした事態を回避したい税理士は，簡易課税制度を勧めるのをためらう場合がある。中立性をゆがめている簡易課税制度には，この別の観点からの問題点もある。

事業区分	みなし仕入率	該当する事業
第一種事業	90%	卸売業（他のものから購入した商品の形状等を変えずに他の事業者に販売する事業）
第二種事業	80%	小売業（他のものから購入した商品の形状等を変えずに消費者に販売する事業）
第三種事業	70%	農業，林業，漁業，工業，建設業，製造業，電気・ガス業，熱供給業及び水道業
第四種事業	60%	飲食店業
第五種事業	50%	金融業，保険業，運輸通信業及びサービス業（飲食店を除く）
第六種事業	40%	不動産業

(注) 2種類以上の事業を営んでいる場合は，原則として，課税売上高を事業の種類ごとに区分し，それぞれの事業区分ごとの課税売上高に係る消費税額にみなし仕入れ率を掛けて計算する。この制度は，基準期間の課税売上高が5,000万円以下の事業者が事前に届出書を提出している場合に選択することができる。

【注】

（１）　税資263号順号12319頁。

（２）　金子宏「総論－消費税制度の基本的問題点－」日税研論集第30号５頁，1994年12月。

（３）　Alan も，非課税は，理論的観点からも実用的な観点からしても，最小限に保つべきであると Alan A. Tait, VALUE ADDED TAX INTERNATIONAL PRACTICE AND PROBLEMS 50（International Monetary Fund Washington, DC 1988）．している。

（４）　金子・前掲注（２）4－5頁。

（５）　付加価値税の負担者は，あくまで事業者ではなく，消費者であり，事業者には，仕入税額控除ができる権利がある。しかし実際においては必ずしもそうではなく，仕入税額控除は，制限されている。OECD, Comsumption Tax Trends VAT/GST and Excise rates, Trends and Administration Issues 21, 2016.

（６）　三木義一「非課税取引とゼロ税率」日税研論集第30号197頁，1995年３月。

（７）　Alan, *supra* note ３ at 49.

（８）　Lewis Carroll, Alice in Wonderland 71（W. W. Norton & Company, Inc. 1971）．

（９）　OECD, *supra* note ５ at 72.

（10）　厚生労働省のホームページ http://www.mhlw.go.jp/stf/seisakunitsuite/bunya/kenkou_iryou/iryouhoken/iryouhoken14/index.html

（11）　『日本経済新聞朝刊電子版』2013年12月14日。

（12）　『朝日新聞朝刊電子版』2013年12月27日。

（13）　これに関連して，安部和彦教授の次のような指摘がある。「……，それが最終消費者に転嫁できれば，事業者はその負担を免れることができる。例えば，住宅の貸付や自由診療の助産は消費者が非課税であるが，対応する仕入税額を賃貸価格や診療報酬に反映させることで転嫁することは可能であり，また実際に行われているケースが多い。」安部和彦「社会政策的配慮に基づく消費税の非課税措置の将来像（上）」税務弘報第63巻６号122頁，2015年６月。

（14）　Metcalf Gilbert E., Value-Added Taxation: A Tax Whose Time Has Come? Journal Economic Perspectives -Volume 9, Number １ 127, 128（Winter 1995）．

（15）　*See* Alan, *supra* note ３ at 52.

（16）　*See* OECD, *supra* note ５ at 83.

（17）　伊藤元重『入門経済学第４版』（日本評論社・2015年）35頁。

（18）　Stephen G. Utz, Ⅲ. Taxation Panel : Tax Harmonization and Coordination in Europe and America ９ Conn. J. Int'l L 767, 791（Summer, 1994）．

（19）　*Id.*

（20）　*See* Alan, *supra* note ３ at 50.

（21）　Shoup Mission, Report on Japanese taxation,Vol.1 190, General Headquarters Supreme Commander for the Allied Powers, 1949. : シャウプ使節団『日本税制報告書』

（1949年）。

(22)　*Id.*

(23)　*Id* at 193.

(24)　金子宏「固定資産税の性質と問題点」税研第9巻50号4頁，1993年7月。

(25)　同上，6頁。

(26)　松尾徹人，小林弘明，折笠竹千代，板倉敏和『地方税Ⅱ』（第一法規出版・1985年）7，8頁。

(27)　Shoup Mission, *supra* note 21 at 189.

(28)　山本守之『実務消費税法』（税務経理協会・1997年）126頁。

(29)　裁決事例集第99集（平成27年4月〜6月）217-244頁。

(30)　金子・前掲注（2）7頁。

(31)　同上，7頁。

(32)　同上，8頁。

(33)　結局のところ，金子教授は，消費税になじまないという理由で，非課税とされている，金融取引，保険取引，土地取引は，消費税になじまないわけではないとし，次のように述べている。「以上のように，金融取引，保険取引，土地取引は，決してその性質上消費税になじまないわけではない。これらの三つの取引は，我が国の経済において極めて大きなウエイトを占めているから，これらの取引を消費税の課税の対象とすることによって，我が国の消費税の課税ベースは著しく拡大し，その税収ポテンシャルは著しく増大するであろう。その結果，消費税率の引き上げによって一定額の増収を期待する場合に，税率の引き上げ幅は少なくて済むことになる。また，これによって，我が国の消費税制度は一層簡素となり，また産業間の整合性が高まるであろう。」同上，同頁。

(34)　*See* Alan, *supra* note 3 at 81.

(35)　Satya Poddar, Symposium on designing a federal VAT：part 1：Taxation of Housing under a VAT 63 Tax L. Rev. 443, 443.

(36)　*Id.*

(37)　*Id.*

(38)　たとえば，東京地判平成9年9月2日（判タ986号245頁）を参照。

第 9 章

給与と外注費を区分する判断基準

第1節　はじめに

　給与所得に関して，所得税法には，抽象的な定義しかない。現行の所得税法は，28条１項において，給与所得に関して，「給与所得とは，俸給，給料，賃金，歳費及び賞与並びにこれらの性質を有する給与に係る所得をいう」と規定しているが，ここでは，給与という言葉を言い換えただけであり，具体性がない。法律に明文規定がないのであるから，給与所得に関して解釈される必要性がある。

　しかしながら，給与所得の意義に関しては，定説が存在するといってよい。前述したように，所得税法28条１項は給与という言葉を言い換えただけであり，例示列挙しているのみで，その内容に関しては明らかにしていない。しかし，判例等の積み重ねによって，給与所得の意味内容に関する帰納的な定義は存在し，その帰納的定義が定説となっている。すなわちそれは，給与所得とは，「個人の非独立的ないし従属的な労務提供（人的役務提供）の対価としての性質を持った所得」というものである。

　給与所得とは，「個人の非独立的ないし従属的な労務提供（人的役務提供）の対価としての性質を持った所得」であるとする解釈における「非独立的」と「従属的」とは，一般的な意味では同義であるが，判例における取り扱いは異なる。では，「非独立的」と「従属的」とは，どのように異なって用いられているのかといえば，「非独立的」とは「自己の危険と計算によらない」という意味で使用され，また「従属的」とは「時間的空間的拘束を受ける」ことと「使用者の指

揮命令に服する」ことの意味で使用されている。

　事業所得に関していうと，この給与所得の意義の逆の解釈によるということになる。すなわち，判例の積み重ねにより形成された給与所得の定義によれば，「非独立的」すなわち「自己の危険と計算によらない」で，「従属的」すなわち「時間的空間的拘束を受け」，「使用者の指揮命令に服する」ならば，給与所得になるというのであるが，逆にいうと「独立的」すなわち「自己の危険と計算による」で，「非従属的」すなわち「時間的空間的拘束を受けない」，「使用者の指揮命令に服さない」ならば，事業所得となると考えられているのである。

　そして，給与か外注費かを区分する判断基準の基本となっているのは，上記の帰納的な定義である。

　さて，報酬を支払う納税者としては，外注費のほうが税務上のメリットを享受できるので，外注費として処理したい誘因がある。それは，外注費として認定されれば，所得税の源泉徴収を行う必要がないし，また社会保険や労働保険の加入義務がないため，これらを負担することがなくなる。また，消費税法における仕入税額控除を受けることができるという大きなメリットもある。

　しかしながら，法人や事業者が，役務提供を受けた対価をたとえ外注費として処理しても，給与として認定される場合がある。税務調査時に外注費処理を給与と判断された場合には，税金の追加徴収となる。外注費に係る消費税の仕入税額控除は，否認される。外注費ではなく給与ということになると不課税取引となり，控除していた仕入税額控除はそのまま追徴課税となる。また，給与となると，源泉徴収税額が徴収漏れということになり，追徴課税となる。さらには，過少申告加算税，不納付加算税，延滞税も徴収されることになる。

　本章では，給与と外注費をどのように区分すべきかを取り扱う。まず，給与所得か事業所得かに関する裁判事例を取り上げ，帰納的定義を確認する。続いて，消費税法基本通達，東京国税局の通達，「大工，左官，とび職等の受ける報酬に係る所得税の取扱いについて」（法令解釈通達）を取り上げて，最後に，建設業とホステスに関する事例を取り上げて論じていく。

第2節　給与所得に関する帰納的な定義

　裁判では，給与所得を判断する際には，これまでのところ，「非独立性」と「従属性」という点に着目されてきた。

　たとえば，昭和56年3月6日京都地裁第一審判決（昭和49年（行ウ）第4号）では[1]，私立大学の教授が他の大学から得た非常勤講師料が給与所得か雑所得かで争われている。ここでは，「労務の提供が自己の危険と計算によらず」と「他人の指揮監督に服してなされる」という点が着目されている。

　この京都地裁第一審判決では[2]，私立大学の教授が非常勤講師として報酬を得ており，その報酬は，夏季，冬季等の休暇中でも支給され，休校等があっても減額されず，講義の優劣が報酬の多寡とは関係がなく，したがって労務の提供が自己の危険と計算によらないとされている。

　確かに，大学の教員は，努力して質の高い授業をしても，あるいは努力せずにマンネリの授業をしても，給料は変わらない。また，たとえ非常勤といえども，大学には時間割というものがあり，基本的にはその時間割に基づいて授業を行わなければならない。このような意味で，大学から受け取る報酬は給与所得としての性格を有しているといえる。

　神戸地裁平成1年5月22日第一審判決（昭和61年（行ウ）第29号）においても[3]，医科大学の教授が医療法人に行った医療上または病院経営上の指導に対する報酬は，労務の提供が自己の危険と計算によらないものであるため，給与所得であると判示されている。ここでは，医師に対する指導あるいは病院経営に対する指導，そして情報提供に関して，その成果が医師の側ではなく病院側に帰属し，仮に不利益があっても医師の側が負担するものではなかったことが指摘されている。

　東京地裁昭和43年4月25日第一審判決（昭和40年（行ウ）第70号），日本フィルハーモニー交響楽団所属のバイオリニストが所得の区分を争った裁判でも[4]，

「非独立性」すなわち「自己の危険と計算において営まれないこと」からすると，バイオリニストの収入が，事業所得ではなく，給与所得であると判示されている。

原告である楽団員は，一定の契約に基づいて雇用され，あらかじめ事務局により示されたスケジュールに従い，演奏，練習も一定時間行わなければならない。つまり，他人の指揮監督に服してなされている。また，野球選手と異なり，楽団員のそれは，個人的色彩はほとんどなく，その報酬は楽団が定めたとおりに，労務を提供すること自体に対して支払われるもので，原則として勤務年数に応じて逐年増額される。つまり，自己の危険と計算において営まれていない。これらの点に着目され，日本フィルハーモニー交響楽団所属のバイオリニストが受け取った報酬は，自己の危険と計算において独立的に営まれる業務に当たらず，給与所得であるとされている。

盛岡地裁平成11年4月16日第一審判決（平成8年（行ウ）第4号）では[5]，りんご生産組合の組合員たる納税者が，組合に雇用されている他の労働者と同様の形態でりんご生産活動に従事し，その対価として得た金銭が事業所得かそれとも給与所得かという点で争われている。この事件では，「従属性」という用件が，給与所得と事業所得を分ける観点として指摘されている。組合員は，非組合員と同様にりんご生産事業に従事し，毎日の労働時間をタイムカードによって管理されており，他人の指揮監督に服してなされているため給与所得であるとされている[6]。

また，1日当たりの定額の日給を基本とする対価の支払いを受け，その労賃は組合全体の所得とはなんらの関係もなく，もっぱら労働時間により定められたものであり，なんら自己の危険と計算という要素の入り込む余地はなく，この観点からも，納税者の所得は給与所得であるとされている。

那覇地裁平成11年6月2日第一審判決（平成9年（行ウ）第9号）では[7]，「他人の指揮監督に服する」といういわば「従属性」要件が強調され，給与所得とされている。雇用契約はないものの，キャディーの採用の仕方，プレーヤーへの割当や日常業務の管理のあり方，キャディーの勤務状況の把握及び指導，キ

ャディー報酬額の決定及び支給方法等を総合考慮すると，キャディーの労務提供は，原告会社の指揮監督に服してなされたものであると認められることから給与所得であるとされている。

　逆に，昭和51年10月18日東京高裁判決（昭和50年（行コ）第21号）は[8]，顧問契約に基づく弁護士の役務の提供は，顧問先から監督，支配，介入等のなされる余地がほとんどなく，独立性を有しており，顧客の求めに応じ自己の危険と計算に基づいて行われるとされ，事業所得であると判示している。

　ここで筆者が注目したいことがある。それは，裁判によって，必要経費の多寡に関しては，所得区分と関係があるとしているものと関係がないとしているものとがあるという点である。

　たとえば，京都地裁第一審判決では[9]，大学の教員は，専門分野の研究を行ううえで研究費を必要とし，所得を生み出すのに一般の勤労者よりも多くの必要経費を必要とするが，必要経費の多寡に関しては，所得区分とは関係がないとしている。

　東京地裁昭和43年4月25日第一審判決（昭和40年（行ウ）第70号）の裁判では[10]，収入を得るために支出する費用負担に関しては，所得区分の問題と関係がないとして捨象されている。すなわち，音楽家というものは，自己の使用する楽器や演奏用の特殊な服装等を自ら用意するのが普通で，技術向上のための研究等も必要であり，職業費ともいうべきものが一般の勤労者より多くかかり，それが給与所得控除額を上回る場合もありうることは否定できないが，所得税法は所得の発生態様ないし性質のいかんによって所得の種類を分類しているのであり，必要経費の多寡を所得分類の基準としているとは解されないとして，音楽家の所得は事業所得ではなく，給与所得であるとされているのである。もっとも，楽団員が演奏のため出張するときには，交通費，日当，宿泊費が支給され，また退職時には楽団員に対して退職金も支給されることになっているという指摘がある。

　しかしながら，音楽家の必要経費の多寡は，給与所得と事業所得とを区分する判断基準になるのではないか。実際，この裁判における必要経費の多寡の問

題は，自己の危険と計算において業務の遂行がなされているかどうかという点について，一つの判断材料となるのではないかとの指摘がある[11]。音楽家というのは，楽団に属してはいるものの，仕事に従事するための必要経費が多額に発生する危険のある職業である。音楽家が自己の判断で自己の事業のために多額の経費を負担している場合には，その音楽家の所得は事業所得としての性格を有しているとされるべきではないだろうか。

　福岡地裁昭和62年7月21日第一審判決（昭和58年（行ウ）第14号）においては[12]，「非独立性」すなわち「自己の危険と計算において営まれないこと」に着目され，委託検針員が自己の危険と計算において営まれているとされ，事業所得であると判示されている[13]。委託手数料が出来高払いであり，労務提供の対価としてよりも請負業務の報酬としての性格を有していることが指摘されている。

　また，業務に必要な器具，資材のうち，主要な交通手段であるバイクの購入，維持費等が委託検針員の個人負担である点が指摘され，検針員委託手数料は事業所得であると判示されている[14]。すなわち，仕事ないし業務をするうえでの本人負担の費用があることが論拠とされ，事業所得とされているのである[15]。

　さらに，神戸地裁平成1年5月22日第一審判決（昭和61年（行ウ）第29号）において[16]，医師が，病院に行く際の交通費の支給を受けていたことも指摘されているが，これは自己の危険と計算によらないことを裏付けるものとしてあげられているのではないか。

　所得税基本通達では[17]，外交員報酬に関する記述があり，外交員は，自己の危険と計算において営んでいないところと営んでいるところがあって，自己の危険と計算において営んでいない固定給部分は給与所得としての性格を有し，他方，自己の危険と計算において営んでいる歩合給部分は事業所得となるとされている。

　外交員は，費用負担を積極的に負い，歩合給を獲得しようとするという，自己の危険と計算において営んでいるという側面がある。外交員の契約を獲得するための支出が有効に機能し，契約獲得と，その結果としての歩合給の取得に

つながる場合もあろう。しかし，このような支出が，契約獲得につながらず，まったく無駄な支出になる場合もあろう。外交員というのは，歩合給を得ようとして自主的に費用負担をしていて，まさしく自己の危険と計算において営んでいる側面がある。そして，このような危険負担を有している場合の外交員の所得は，固定給部分である給与所得とは違って，まさしく事業所得に他ならない(18)。

　以上見てきたように，裁判により，収入の面ばかりでなく費用負担の面も，給与所得か事業所得かを判断する根拠になるとするものとそうでないものがあるが，後で見るように，通達等は費用負担があれば，給与所得ではなく事業所得であると判断する根拠となっているのが明らかである。

　加えて，福岡地裁昭和62年7月21日第一審判決（昭和58年（行ウ）第14号）において(19)，検針業務は第三者に代行されることが禁止されていないこと，そして，委託検針員は兼業が自由で，実際に兼業者が多い点が雇用契約ではない根拠になるという指摘があることは興味深い。この二つの判断基準も，後で見るように通達等で指摘されているところである。

裁判にみられる必要経費等に関する言及

裁判例	判示事項	必要経費等との関連
東京高裁昭和47年9月14日判決	交響楽団の楽団員が楽団から受けた所得について，事業所得ではなく，給与所得であるとされた事例	・必要経費の多寡は，所得分類の基準とならない。支出した経費が給与所得控除額を超えるからといって，それだけで給与所得にあたらないとすることはできない。
京都地裁昭和56年3月6日第一審判決	私立大学教授が他の大学から得た非常勤講師料が，雑所得ではなく，給与所得の収入金額であるとされた事例	・大学の教員が専門分野の研究を行ううえで研究費を必要とし，所得を生み出すのに一般の勤労者より多くの必要経費を必要とするが，必要経費の多寡が所得を分類するうえでの基準になっているとは解されない。

福岡地裁昭和62年7月21日第一審判決	電力会社所属の委託検針員が受ける委託手数料は，事業所得に当たるとされた事例	・業務に必要な器具，資材のうち，主要な交通手段であるバイクの購入，維持費等が委託検針員の個人負担である。 ・検針業務は第三者に代行されることが禁止されておらず，現実に行われており，雇用契約にはない側面がある。 ・兼業が自由で実際に兼業者が多い点も，一般的には，委託検針契約が雇用契約ではない方向を裏付けるものである。
神戸地裁平成１年５月22日第一審判決	医療法人の理事を兼務する大学教授が教え子である医師を派遣したり，毎月１～３回訪問して診療の相談に応じたり，医学上の指導をしたりしたことの報酬として支払われた金員が給与所得の収入金額であるとされた事例	・交通費の負担がなかったことも，非独立的であったことの証拠としてあげられていると考えられる。

第３節　給与か外注費かを判断する基準となっている通達等

　給与か外注費かを判断する基準として，消費税法基本通達１－１－１がある。

（個人事業者と給与所得者の区分）

　１－１－１　事業者とは自己の計算において独立して事業を行う者をいうから，個人が雇用契約又はこれに準ずる契約に基づき他の者に従属し，かつ，当該他の者の計算により行われる事業に役務を提供する場合は，事業に該当しないのであるから留意する。したがって，出来高払の給与を対価とする役務の提供は事業に該当せず，また，請負による報酬を対価とする役務の提供は事業に該当するが，支払を受けた役務の提供の対価が出来高払の給与であるか請負による報酬であるかの区分については，雇用契約又はこれに準ずる契約に基づく対価であるかどうかによるのであ

るから留意する。この場合において，その区分が明らかでないときは，例えば，次の事項を総合勘案して判定するものとする。

(1)　その契約に係る役務の提供の内容が他人の代替を容れるかどうか。

(2)　役務の提供に当たり使用者の指揮監督を受けるかどうか。

(3)　まだ引渡しを了しない完成品が不可抗力のため滅失した場合等においても，当該個人が権利として既に提供した役務に係る報酬の請求をなすことができるかどうか。

(4)　役務提供に係る材料又は用具等を供与されているかどうか。

この消費税法基本通達１－１－１と同じ内容であるが，東京国税局の通達があり[20]，こちらのほうが詳しい。この通達は，実務上は，次に掲げる事項を総合勘案して判断するとしている。

①　契約の内容が他人の代替を受け入れるかどうか

　　一般に雇用契約に基づく給与の場合，雇用された人は自分自身が仕事をしたことにより，その役務の対価を受け取ることができます。

　　一方，請負契約に基づく事業所得の場合，依頼主との間で仕事の期限，代金等を決定すれば，実際の仕事を行う者は必ずしも請け負った者自身に限らず，自己が雇用する者その他の第三者にまかせることができ，期限までに完成させて納品すれば，決められた代金を受け取ることができます。

　　このように給与所得の場合は他人の代替ができませんが，事業所得の場合は他人の代替ができるという違いがあります。

②　仕事の遂行に当たり個々の作業について指揮監督を受けるかどうか

　　雇用契約の場合，雇用主が定める就業規則に従わなければならず，作業現場には監督がいて，個々の作業について指揮命令をするのが一般的です。

　　一方，請負契約の場合，仕事の期限さえ守れば途中における進行度合いや手順等について，依頼主から特に指図を受けることがないのが通常です。

③　まだ引渡しを終わっていない完成品が不可抗力により滅失した場合において，その者が権利として報酬の請求をなすことができるかどうか

　　請負契約の場合，引渡しを終えていない完成品が，例えば火災等により滅失して期限までに依頼主に納品できない場合には，対価の支払を受けることができません。

　　しかし，雇用契約の場合，労務の提供さえすれば当然の権利として対価の請求をすることができます。

④　材料が提供されているかどうか

　　雇用契約の場合は雇用主が材料を所得者に支給しますが，請負契約の場合は所得者が材料を自分で用意するのが一般的です。

⑤　作業用具が提供されているかどうか

　　雇用契約の場合は雇用主が作業用具を所得者に供与しますが，請負契約の場合は所得者が自分で用意するのが一般的です。

　給与所得か事業所得かを区分するメルクマールは，基本的には「非独立性」と「従属性」である。上記の東京国税局の通達を見ると，②の仕事の遂行に当たり個々の作業について指揮監督を受けるかどうかは，「従属性」に関する記述であり，④の材料が提供されているかどうかと，⑤の作業用具が提供されているかどうかは，「非独立性」に関する記述である。もっとも，すでに述べたように，過去の裁判例では，すなわち帰納的な定義には費用負担，ここでは材料費と作業用具を負担しているということは必ずしも独立性を有していることを意味しない。したがって，消費税法基本通達１－１－１と東京国税局の通達は，過去の判例よりも「非独立性」の解釈を拡張したものとなっているといえる。

　また，①の契約の内容が他人の代替を受け入れるかどうかと，③のまだ引渡しを終わっていない完成品が不可抗力により滅失した場合において，その者が権利として報酬の請求をなすことができるかどうかは，過去の裁判の結果ではなく民法の規定に基づくものである。

　①の契約の内容が他人の代替を受け入れるかどうかは，下記の民法の規定に基づいているものであり，請負契約であれば，他人に仕事を任せることができ

るが，雇用契約の場合には，他人に仕事を任せることはできないことを意味している。

労働者は，使用者の承諾を得なければ，自己に代わって第三者を労働に従事させることができない（民法625条2項）。

③のまだ引渡しを終わっていない完成品が不可抗力により滅失した場合において，その者が権利として報酬の請求をなすことができるかどうかは，下記の民法の規定に基づいている。

雇用契約では，労働に従事すれば報酬が支払われ，仕事の完成が求められていないが，一方，請負契約では，あくまで仕事の完成に対して報酬が支払われるという違いがある。

請負は，当事者の一方がある仕事を完成することを約し，相手方がその仕事の結果に対してその報酬を支払うことを約することによって，その効力を生じる（民法632条）。

これに対して，雇用は，当事者の一方が相手方に対して労働に従事することを約し，相手方がこれに対してその報酬を与えることを約することによって，その効力を生じるとされている（民法623条）。

この東京国税局の通達には，給与と外注費を判定するための例示「給与所得及び事業所得の判定検討表」を公表している。そしてこの通達は，実務上の判定として，上記の五つを掲げている。

また，判例による判定として，雇用契約又はこれに準ずる契約等に基づいているか，使用者の指揮命令に服して提供した役務か，使用者との関係において何らかの空間的，時間的な拘束を受けているか，継続的ないし断続的に労務の又は役務の提供があるか，自己の計算と危険において独立して営まれているか，営利性，有償性を有しているか，反復継続して遂行する意思があるか，社会的地位が客観的に認められる業務かの五つを掲げている。

さらには，その他の判定事項として，支払者が作成している組織図・配席図に記載があるか，役職（部長，課長等）があるか，報酬について値引き，値上げ等の判断を行うことができるか，本来の請負業務のほか，支払者の依頼・命

令により，他の業務を行うことがあるか，など35項目の判定事項を示している。

第4節　建設業とホステス業の外注費と
　　　　給与所得の区分

第1項　建　設　業

平成19年11月16日判決（平成18年（行ウ）第213号）[21] では，電気工事の設計施工等を業とする原告が，原告の業務に従事したもの6人に対して支払った金員につき，請負契約に基づき支出した外注費に当たるとして，課税仕入れとして計上するとともに，同金員にかかる源泉所得税を徴収しなかったというものである [22]。

原告は，昭和46年6月22日に設立された電気工事の設計施工等を目的とする株式会社である。原告は，株式会社d（以下dという）の専属的な下請会社として，dとの間で平成9年7月1日付の工事請負契約を交わしたうえ，ビルディングの電気配線工事及び電気配線保守義務等を請け負っている。

被告である国側は，最高裁昭和56年4月24日判決（昭和52年（行ツ）第12号）に基づき，次に掲げる事項を総合考慮して判定すべきであるとしている。

①　契約の内容が他人の代替を容認するかどうか

②　仕事の遂行にあたり個々の作業について指揮監督を受けるかどうか

③　まだ引き渡しの終わっていない完成品が不可抗力のため滅失した場合等においてそのものが権利として報酬の請求をすることができるかどうか

④　所得者が材料を提供するかどうか

⑤　作業用具を供与されているかどうか

①について被告は，本件支払先と原告の契約の内容は，他人の代替を容認しないものであるとしている。

②について被告は，本件支払先は，仕事の遂行にあたり個々の作業について原告の指揮監督を受けているとしている。

③について被告は，まだ引き渡しの終わっていない完成品が不可抗力のため滅失した場合等においても，本件支払先は原告に対し権利として報酬の請求をすることができるとしている。

④について被告は，本件各支払先は，材料を無償で支給されているとしている。

⑤について本件各支払先は，各仕事先で作業するにあたり使用する工具及び器具等のうち，ペンチ，ナイフ及びドライバー等は各自で用意していたものの，作業台，脚立，夜間照明用の発電機及び足場等の大部分の工具及び器具等は株式会社dから無償で貸与されており，また本件各支払先が各仕事先で着用する作業着については，原告がdの指定する業者から購入したものを本件各支払先に無償で貸与していたとしている。

以上，被告の観点からすれば，上記五つの点に関していうと，③以外に関しては，給与所得の特徴を有していることになる。

また，上記五つの観点に加えて，被告は，dに対し，本件各支払先を原告に在籍するものとして記載した協力業者従業員名簿を提出していたこと，原告が，本件各支払先に対して食事代，慰労会及び忘年会の費用の一部を負担し，これらの負担額を福利厚生費として経理しており，また本件各支払先が受診した定期健康診断の費用を負担していることなどが認められていることから，本件支出金は，本件各支払先の給与所得であるとしている。

一方の原告の主張は，次のようなものである。

原告は，原告と本件各支払先の契約は，請負契約として約定されたものであり，雇用契約又はそれに類する契約はないとしている。そして，実際，本件各支払先は，原告において労働保険，健康保険及び厚生年金保険の被保険者として取り扱われておらず，平成11年当時の下請業者であったg，h及びiのほかnがいわゆる一人親方として労働者災害補償保険に特別加入しており，また，原告が把握しているものだけでも，h，i及びl各自の事業所得に係る確定申告をしていたとしている。

また，原告は，被告が先例として主張する最高裁昭和56年判決に基づくとす

る，前述した①〜⑤の基準は，最高裁昭和56年判決では述べられていない被告内部の独自の基準であるとしている。

　原告は，原告と本件各支払先の間において雇用関係ではなく請負関係が選択されているが，これは，雇用関係によると，各種の控除により手取りの収入金額が減少するのを嫌った本件各支払先らの希望によるものであって，原告においてことさら請負関係を選択する利益はないとしている。

　また，原告は，被告が給与所得性の判断要素として指摘する作業に関する指揮監督等の点は，原告を含むdの下請業者が元請業者であるdの綿密な工程監理と予算監理に従って公示しているという現代の大規模建設工事の特殊性に基づくものであって，原告と本件各支払先が請負関係にあることと何ら矛盾するものではない。そればかりか，本件各支払先がペンチ，ナイフ及びドライバー等を各自で用意していたことは本件支出金が給与所得でないことを示すものであるとしている。

　判決では，以下の点が指摘され，原告の訴えは棄却されている。

①　本件各支払先が，原告が請け負った工事以外の仕事先で作業に従事していたとしても，本件支払先は原告に常用され，専属的に原告の下で電気配線工事等の作業に従事していた。

②　本件支払先の作業時間は，各仕事先において異なることがあるものの，午前8時から午後5時までと決められており，原告代表者又はdの職員である現場代理人等の指示に従って，電気配線工事の作業を行っていた。

③　労働者の時間外労働及び深夜労働について労働基準法等が定める割増賃金額におおむね準じている。また，本件各支払先については，1週間で達成すべき仕事量の定めがあるものの，それが達成されないからといって，労務に対する対価が減少することはなかった。

④　本件各支払先は，他の仕事を兼業することはなく，各支払先で使用する材料を仕入れたことはなく，ペンチ，ナイフ及びドライバー等工具及び器具等を所持することはなかった。

⑤　原告が各支払先の定期健康診断の費用を負担しており，また各支払先に

無償で作業着を購入し，福利厚生費としていた。

⑥　本件支払先は，原告またはdの職員である現場代理人の指揮命令に服して労務を提供していた。

建設業に関わる大工，左官，とび職等に関する給与か外注費かの区分については，下記の法令解釈通達がある（課個5−5　平成21年12月17日）。

この法令解釈通達について，次のような趣旨説明がある。

（趣旨）

　大工，左官，とび職等の受ける報酬に係る所得が所得税法第27条に規定する事業所得に該当するか同法第28条に規定する給与所得に該当するかについては，これまで，昭和28年8月17日付直所5−20「大工，左官，とび等に対する所得税の取扱について」（法令解釈通達）ほかにより取り扱っていたところであるが，大工，左官，とび職等の就労形態が多様化したことなどから所要の整備を図るものである。

そして法令解釈通達は，次のようなものである。

1　定義

　この通達において，「大工，左官，とび職等」とは，日本標準職業分類（総務省）の「大工」，「左官」，「とび職」，「窯業・土石製品製造従業者」，「板金従事者」，「屋根ふき事業者」，「生産関連作業従事者」，「植木職，造園師」，「畳職」に分類するものその他これらに類するものをいう。

2　大工，左官，とび職等の受ける報酬に係る所得区分

　事業所得とは，自己の計算において独立して行われる事業から生ずる所得をいい，例えば，請負契約又はこれに準ずる契約に基づく業務の遂行ないし役務の提供の対価は事業所得に該当する。また，雇用契約又はこれに準ずる契約に基づく役務の提供の対価は，事業所得に該当せず，給与所得に該当する。

　したがって，大工，左官，とび職等が，建設，据付け，組み立てその他これらに類する作業において，業務を遂行し又は役務を提供したことの対価として支払を受けた報酬に係る所得区分は，当該報酬が，請負契約若し

くはこれに準ずる契約に基づく対価であるのか，又は，雇用契約若しくは
これに準ずる契約に基づく対価であるのかにより判定するのであるから留
意する。

　この場合において，その区分が明らかでないときは，例えば，次の事項
を総合勘案して判定するものとする。

(1)　他人が代替して業務を遂行すること又は役務を提供することが認めら
　　れるかどうか。

(2)　報酬の支払者から作業時間を指定される，報酬が時間を単位として計
　　算されるなど時間的な拘束（業務の性質上当然に存在する拘束を除く。）
　　を受けるかどうか。

(3)　作業の具体的な内容や方法について報酬の支払者から指揮監督（業務
　　の性質上当然に存在する指揮監督を除く。）を受けるかどうか。

(4)　まだ引き渡しを了しない完成品が不可抗力のため滅失するなどした場
　　合において，自らの権利として既に遂行した業務又は提供した役務に係
　　る報酬の支払を請求できるかどうか。

(5)　材料又は用具等（くぎ材等の軽微な材料や電動の手持ち工具程度の用
　　具等を除く。）を報酬の支払者から供与されているかどうか。

　この解釈通達にも，②の労働時間の定めがある，③のノルマが達成できなく
ても，対価が減少しなかった，④の材料用具等が支払者から供与されている，⑥
の指揮命令に服して労務を提供している，があるが，これらの点は上記の事件
にも当てはまる。

　解釈通達に当てはまっていないものとして，①の専属で業務に従事，⑤の各
支払先が定期健康診断受診料を負担していた，という２点がある。この２点は，
解釈通達には見当たらないが，給与所得者としての特徴を捉えたものであると
いえる。なぜならこの２点は，給与所得の帰納的な定義，従属性という属性と
結びつくものであるからである。

第2項　ホステス業

平成28年7月28日福岡地裁判決では[23]，原告の経営するバーやキャバレー等のホステスに支払われた報酬又は料金が給与所得に該当するか否かが問われている。

被告側は，原告の経営するバーやキャバレー等のホステスに支払われた報酬又は料金は，給与所得であるとして，次のような点を指摘している。

> 原告は，本件ホステス等に対して，あらかじめ本件給与規定等を示して勤務条件等を説明した上で雇用契約を締結し，給与規定にしたがって本件支給金員を支払っていた。また原告は，本件管理表等を作成して，ホステスの出勤状況や売上を正確に管理し，ホステスごとに給与計算書を作成してその支給額を決定していた。そして原告は，本件給与規定や接客の方法等を記載したマニュアルを本件ホステスらに示し，これに従うように定めていた。また原告は，本件ホステス等に原告が要求する日時での勤務を義務付け，無断欠勤の場合や週末欠勤の場合には，通常より高額な罰金を徴収することによって，事実上，本件ホステスらに原告が要求する日時での勤務を義務付け，営業開始前に行われる朝礼まで服装や髪形等を整えたうえで出勤するよう指示するなどして，本件ホステス等を管理していた。さらには，ホステス等の受け取った金員は，給与規定に基づく金員のみであり，本件ホステス等の各人の売上金額が，本件ホステス等の報酬となることはなかった。また本件ホステス等が，客のつけ払いの可否を判断することはなく，店舗の施設料や，衣装，名刺といった物品の使用料を支払うこともなかった。

一方の原告側は，原告の経営するバーやキャバレー等のホステスに支払われた報酬又は料金は，事業所得であるとして，次のような点を指摘している。

> 営業開始前に朝礼が行われていたが，この朝礼においては，挨拶や精神論に関することが述べられていたにすぎず，本件ホステスらに対して，営業に関する指導等は行われていなかった。マニュアル等を用いて，接客態

度等について事細かな指示を与えていたといった事実もない。原告から，本件ホステスらに具体的な指揮，監督が行われることはなく，本件ホステス等は，自己の判断で，客の個性に合わせて接客を行っていた。原告が本件ホステス等に，当該朝礼までに出勤するよう指示をしていた事実はない。そのうえ，本件各店舗と本件ホステスらとの契約においては，出勤日数が多いほど本件支給金員が多くなるようにして，本件ホステス等の出勤を奨励しているものの，出勤を強制することはなく本件ホステス等に対する出勤の拘束はなかった。タイムカードによる時間管理はなく，早退も認められていた。顧客の連絡先等を管理しているのは，本件ホステス等個人であり，本件ホステス等は，これを用いて独自に営業等を行っている。また本件各店舗では，貸ドレスや簡易な名刺を用意してはいるが，大半のホステスは，自分に合ったドレスを自費で購入し，また名刺についても，各ホステス自身の業務用の携帯番号やメールアドレス等を記入したものを自費で購入し，出勤前には自費で美容院へ行って整髪するなどして出勤している。

判決では，以下のようなことが指摘され，給与所得であると判示された。

　　本件ホステス等の出勤日は，本件各店舗のほかの従業員やホステスとの間で調整して決められており，各自が自由に決めることができなかった。本件各店舗においては，始業前に朝礼への参加が義務付けられ，業務開始の準備，接客方法や接客態度に関する詳細な決まりがあり，これらに基づいて本件ホステス等に対し，業務上の指導が行われることがあった。本件ホステスらが顧客から受け取る金員は，原告の売上とされ，本件ホステス等が受け取る金員は，本件給与規定に基づき計算されたものに限られていた。出勤時間及び退職時間は決まっており，これに違反した場合には，罰金が科されていた。出勤日は本件ホステス等の希望を踏まえて調整されていたものの，休むことができる日数には制限があった上，出勤が強制され，自由に休みを取ることができない場合があり，本件ホステスらが自由に決めることはできなかった。

さて，ここで本件に関して，少し考察を加えておきたい。

　判決では，タイムカードはないものの，出勤日について自由がない，休みが自由に取れない，そして接客方法や接客態度に関する決まりが存在し，本件ホステス等が受け取る報酬が本件給与規定に基づいている点などが指摘され，衣装や名刺代などの費用負担に関する被告と原告の見解の相違は捨象され，本件ホステス等に支払われた報酬又は料金は，給与所得とされている。

　被告と原告の見解には，異なる点が見受けられる。被告は，ホステスは衣装や名刺を負担していないとしているが，原告は，負担していると主張している。また，被告は，朝礼まで出勤するように指示し，勤務状況を管理していたとするが，原告は，朝礼までに出勤することは強制しておらず，出勤はホステスが自由に決められることを強調している。そして被告は，ホステスたちに自由度がないとしているが，原告は，ホステス達には相当程度の自由度があることを強調している。

　店側が外注費として処理をしても，ホステスに支払う報酬は，その役務提供の状況により給与と判断される場合がある。

　しかしながら，たとえば顧客の対応や顧客が店に支払う飲食代をホステスが仕切り，売掛管理も行う，あるいは入店・出店時間などがホステスに任されている場合には，消費税の仕入税額控除の対象となる[24]。

　上記の事件でも，たとえば出勤時間がホステスの裁量に任されていれば給与ではなく，外注費となると判断された可能性があった。上記の事件では，出勤時間について，被告，原告ともに言及していて，被告は，自由度がなかったとし，原告は，自由度があったとしているものの，実際には従業員とホステスが出勤時間の調整を行っていたことに着目され，給与とされている。

　また，上記の事件では，売掛管理をホステスが行っていたかどうかではなく，被告が売上の一部をホステスが得られたかどうかに言及している点は注目されてしかるべきである。売上の一部をホステスが取得していたならば，経済的独立性ありとみて，外注費と判断される可能性があると考えられる。

第5節　む　す　び

　給与か外注費かの判断は，基本的には消費税法基本通達１−１−１，そしてこれとほぼ同一の内容の東京国税局の通達などを基にして判断することができる。

　これらの通達で判断できない場合には，本章で指摘したように，基本的には給与所得の帰納的な定義，「独立性」と「従属性」で判定することができる。建設業でいえば，労災などのために労働者災害補償保険に入っているとか，健康診断の受診料を会社から受け取っていたかどうかとか，食事代等を受け取り，福利厚生費で処理していたなどに当てはまれば，外注費ではなく給与と判断される。ホステス業の事例でいうと，就業時間に自由裁量があるかとか，売上の一部がホステスに入る状況にあるかなどに当てはまれば，外注費と判断される。逆に，ホステス業で，同伴したお客さんがいるのに，店主に他のお客さんのところに行きなさいなどと命令されているようなら給与と判断される。建設業で，複数の会社に属して建設作業をしている場合には請負だが，一つの会社に専属なら給与と判断される。ホステス業でも複数のお店で働いているなら請負，単一の店で働いているなら給与と判断されるであろう。

　通達によれば，その契約に係る役務の提供の内容が他人の代替を容れることができるなら，それは請負と判断されるのであるが，筆者はこれには疑問がある。仕事が代替できるなら，それは給与であり，逆に，仕事が極めて特殊で代替が困難である場合には，それは給与というよりもむしろ請負という色彩を帯びるのではないだろうか。

　今までどおり同じ会社で同じ仕事をしているのに，仕入税額控除を受けたいがために給与から外注に切り替えた場合には，課税当局にそこを指摘される可能性があるので注意を要する。

　さて，EUのVAT指令 Article 9，10で示されているように [25]，雇用者から独立していない被雇用者は，消費税の課税対象から除かれている（不課税取引）。

また，消費税の制度において，個人がビジネスを行っている場合のみ，消費税の課税対象になるとされている。たとえば，個人が家具や衣服を私的に販売したとしても，付加価値税が課されることはない[26]。

消費税の課税対象にならないということは，同時に被雇用者に対して報酬を支払う側に対して，仕入税額控除が認められないことを意味する。

この被雇用者の不課税という制度は，納税者に対して節税の誘因を提供していることは否めない。消費税の非課税制度と同様，この不課税という制度も，給与より外注費処理という誘因を納税者（雇用者）に提供している点は，問題があるといわざるをえない。

【注】

（1）　行集32巻3号342頁。

（2）　前掲注（1）。

（3）　シュト332号24頁。

（4）　訟月14巻6号699頁。

（5）　訟月46巻9号3713頁。

（6）　「従属性」の基準に該当する事実は外形的に判断することが可能であるため，事案によっては明白であり，給与所得であるか否かの重要な判断基準となりうるという指摘がある。たとえば，このりんご生産組合事件では，一般作業員と同じく，管理者の作業指示に従って作業に従事し，作業時間がタイムカードによって記録されていたという事実から，組合員が受け取る金銭が給与所得であると判断されているという見解がある。佐藤英明「給与所得の意義と範囲をめぐる諸問題」金子宏編『租税法の基本問題』（有斐閣・2007年）401頁。

（7）　税資243号153頁。

（8）　訟月22巻12号2876頁。

（9）　前掲注（2）。

（10）　前掲注（4）。

（11）　注解所得税法研究会編『注解所得税法』（大蔵財務協会・2001年）331頁。

（12）　訟月34巻1号187頁。

（13）　この裁判において，以下のような指摘もなされているので注意されたい。検針業務は第三者に代行されることが禁止されておらず，現実に行われており，雇用契約にはない側面がある。また，兼業が自由で実際に兼業者が多い点も，一般的には，委託検針契約が雇用契約ではない方向を裏付けるものである。同上。

（14）　もっとも，原告側は，業務に関する経費は九州電力が負担し，一方で，業務の成

果は九州電力が享受しているので，検針員が受け取った報酬は，給与所得であると主張している。検針業務に必要な筆記用具や懐中電灯，計算機（そろばん）等はその全部を九電が貸与（無償支給）しており，衣服（作業）も貸与されている。また，業務遂行の成果としての利益はすべて九電が享受し，検針員は毎月定まった手数料が支払われるだけであって，そこには検針員が自己の才覚，能力で利潤の獲得を図るがごとき，営利企業としての独立性がそもそも否定されている。よって検針員が受ける手数料は，事業から生じる所得ではなく，九電との従属的雇用関係に基づき支給される労働の対価としての賃金に他ならないと原告側は主張しているのである。同上。

(15)　委託手数料が出来高払いであり，本人に利益が帰属することと，一方かなりの費用負担が発生するというリスク負担を本件の検針員らが負担しているため，事業所得とされたのではないかという指摘がある。「本件においては，いかなる業務（と言っても分量を除くと内容が変更されうる項目はごく限られていると考えられるが）を行う義務を負うかが個々の検針員（受領者）と九電（支払者）との間で個別に決定されており，その内容（受持枚数と呼ばれる分量）に応じて収入金額が決定されること，および，業務遂行に必要な器具（バイク）を九電ではなく検針員が購入していることが，所得の分類を決定するにあたって重要な要素と考えられている。この前者の事実は，個々の検針員が九電との個別交渉によって自らの収入の多寡を決定しているということであり，また，後者の事実は個々の検針員の判断で業務遂行に必要な費用の支出を決定しているということを示している。ここから－実際には考えにくいとしても－バイクの購入，維持管理費用が業務委託によって受ける収入を上回る可能性なども否定できず，その意味で，本件の検針員らは「自らの危険と計算」によって委託業務を行っていると判断されたものであろう。」佐藤・前掲注（6）404頁。

(16)　前掲注（3）同頁。

(17)　所得税基本通達204－22では，外交員などの報酬に関する課税上の取り扱いを次のように明示している。

「外交員又は集金人がその地位に基づいて保険会社等から支払を受ける報酬又は料金については，次に掲げる場合に応じ，それぞれ次による。

(1)　その報酬又は料金がその職務を遂行するために必要な旅費とそれ以外の部分とに明らかに区分されている場合　法第9条第1項第4号《非課税所得》に掲げる金品に該当する部分は非課税とし，それ以外の部分は給与等とする。

(2)　(1)以外の場合で，その報酬又は料金が，固定給（一定期間の募集成績等によって自動的にその額が定まるもの及び一定期間の募集成績等によって自動的に格付される資格に応じてその額が定まるものを除く。以下この項において同じ。）とそれ以外の部分とに明らかに区分されているとき。　固定給（固定給を基準として支給される臨時の給与を含む。）は給与等とし，それ以外の部分は法第204条第1項第4号に掲げる報酬又は料金とする。」

(18)　神田良介「給与所得についての会計学的一考察－給与所得控除の意義を中心とし

て」明大商学論叢第84巻第4号72頁，2002年3月参照。

(19)　訟月34巻1号187頁。

(20)　法人課税速報「給与所得と事業所得との区分　給与？それとも外注費？」（東京国税局　平成15年7月第28号　TAINS）。

(21)　税資257号順号10825頁。

(22)　「ところが，本事案の焦点は，源泉徴収という支払側にとって利害が希薄な問題ではない。請負が課税仕入れ額の増加という支払側にとって有利な状況をもたらすことから，新たな雇用・請負論争が露呈したといえる。支払側の税負担に及ぼす影響を考慮すると，便宜的な雇用か請負かの選択はリスクが大きいことを認識する必要がある。」林仲宣「外注費の課税仕入れ」税務弘報第57巻第4号168－169頁，2009年4月。

(23)　税資266順号12891頁。

(24)　都築巌「給与と外注費をめぐる税務　建設業関係・ホステス等に係る留意点」税経通信第71巻第10号36頁，2016年9月。

(25)　「“課税可能な個人”とは，その活動の目的や結果は何であれ，何等かの場所で何等かの経済活動を独立して行う個人をいう。」（Article 9（1））

　　「経済活動が“独立して”行われているという Article 9（1）の条件は，労働条件，報酬そして雇用者の責任に関して雇用者と被雇用者の関係を作り出す雇用契約その他の法的関係によって被雇用者その他の人々が雇用者に拘束される場合には，VATから彼らを除くべしというものである。」（Article 10）

(26)　Alan は，家具を何回販売したら，ビジネスに転換するのかという指摘をしている。Alan A. Tait, VALUE ADDED TAX INTERNATIONAL PRACTICE AND PROBLEMS 366（International Monetary Fund Washington, DC 1988）.

第10章

マンション販売業者の
仕入税額控除に関する問題

第1節　はじめに

　マンション販売業者の仕入税額控除が認められないという問題が浮上している。通常の商品の売却であれば課税売上げとなるので問題は生じないが，マンション販売業者の場合は，建物の売却であれば課税売上げとなるが，賃貸ということになると，その賃貸料は非課税売上げとなり，その非課税売上げの部分に関しては仕入税額控除ができないのではないかという問題が生じてくるのである。

　消費税の仕入税額控除は，個別対応方式と一括比例配分方式の2種類がある。個別対応方式の場合は，課税期間中の課税仕入れ等に係る消費税額を次の三つに区分し，仕入税額控除額を計算する（消費税法30条）。

　(1)　課税資産の譲渡等にのみ要するもの

　(2)　その他の資産の譲渡等にのみ要するもの

　(3)　課税資産の譲渡とその他の資産の譲渡等に共通して要するもの

　個別対応方式の場合に控除することができる課税仕入れ等の税額は，(1)の課税資産の譲渡等にのみ要するもの，(3)の課税資産の譲渡とその他の資産の譲渡等に共通して要するものに関するものであり，(2)のその他の資産の譲渡等にのみ要するものは，仕入税額控除できない。

　一括比例配分方式は，課税売上げに対応する課税仕入れ等に係る消費税額を厳密に区分するのではなく，全体の課税仕入れ等に係る消費税額に単純に課税

売上げ割合を乗じて控除税額を計算する。

　結局のところ，個別対応方式と一括比例配分方式とで，有利な方法を選択すればよいことになっている。もっとも，一括比例配分方式を採用した場合には，２年間以上継続した後でなければ個別対応方式を採用することができなくなるので，注意を要する（消費税法30条５項）。

　マンション販売業者の場合は，マンションを仕入れてそれを販売するのであれば個別対応方式により全額仕入税額控除できるが，非課税売上げが生じる場合があり，個別対応方式の(3)の課税資産の譲渡とその他の資産の譲渡等に共通して要するものとなり，課税売上げと非課税売上げに共通する課税仕入れ等に係る仕入に課税売上割合を乗じて仕入税額控除額を計算することになる。すると，マンション販売業者は，土地という非課税売上が大きいので課税売上割合が小さくなり，認められる仕入税額控除額が相当小さくなってしまう恐れが生じる。

　マンション販売業者に，これまで全額仕入税額控除が認められてきた根拠として，下記の消費税法基本通達があり，この通達の「なお，当該課税仕入れ等を行った課税期間において当該課税仕入れ等に対応する課税資産の譲渡等があったかどうかは問わないことに留意する。」を根拠に，全額の仕入税額控除が認められてきた。

（課税資産の譲渡等にのみ要するものの意義）

11－2－12　法30条第２項第１号《個別対応方式による仕入税額控除》に規定する課税資産の譲渡等にのみ要するもの（以下「課税資産の譲渡等にのみ要するもの」という。）とは，課税資産の譲渡等を行うためにのみ必要な課税仕入れ等をいい，例えば，次に掲げるものの課税仕入れ等がこれに該当する。

　　なお，当該課税仕入れ等を行った課税期間において当該課税仕入れ等に対応する課税資産の譲渡等があったかどうかは問わないことに留意する。

(1)　そのまま他に譲渡される課税資産

(2)　課税資産の製造用にのみ消費し，又は使用される原材料，容器，包紙，

　　　機械及び装置，工具，器具，備品等
　　(3)　課税資産に係る倉庫料，運送費，広告宣伝費，支払手数料又は支払加
　　　工賃等

　平成24年の大阪国税不服審判所の裁決（平成24年 1 月19日裁決）では，販売
目的でマンションを購入したマンション販売業者に既に借り手がいるため，賃
貸収入が生じている。賃貸収入は不可避的に生じているだけで，あくまで最終
的には販売目的で取得したとしても実際には賃貸収入が生じているので，一部
しか仕入税額控除できないと裁決された。やむなく生じている賃貸収入が足か
せになり，仕入税額控除が少なくなってしまうこの裁決に，納得がいかない向
きがあろう。

　通常は，売上とその売上原価は直接的な対応関係があるが，消費税に関して
は，仕入れた際に支払った消費税と販売時に受け取ることになる消費税とは，直
接的な関係はない。実際，マンション販売会社の真の目的である販売は，購入
した年に生じるかもしれないが，2，3年後になるかもしれず，受取消費税はそ
の時に発生するのである。また，賃貸収入はあるにはあるが，それはマンショ
ン販売業者の真の目的である販売と関係性は希薄である。そう考えると，この
裁決には，疑問が残る。

　本章は，マンションの販売業者の仕入税額控除の問題を考察していく。まず，
このマンション販売業者の仕入税額控除の問題の概要を示し，続いて，二つの
事例について見ていき，それ等を踏まえて，マンション販売業者の仕入税額控
除に関して筆者の見解を示すことにしたい。

第 2 節　マンション業者の仕入税額控除に関する問題

　大石篤史氏が指摘するように [1]，わが国では，一般的に土地の価格が高く，
しかも土地の譲渡は非課税取引なので，マンションを取得して譲渡することを
主に営む業者の場合は，全体の課税売上割合は通常かなり低いものとなる。そ

れ故，その業者の場合は，居住用の建物が，「課税資産の譲渡等とその他の資産の譲渡等に共通して要するもの」に該当することになってしまうと，ほとんど仕入税額控除ができないことになり，死活問題となる。それゆえ，マンション業者が取得したマンションに係る消費税の問題は，現在注目すべきものとなっている。

しかしながら，取得したマンションが課税売上げとなるのか，あるいは非課税売上げとなるのか，どの時点で判断するのか，法は明らかにしていない。個別対応方式の場合は，課税売上げになるか，あるいは非課税売上げになるかを判断して，仕入税額控除を計算する必要があるが，消費税法には，そのことに関する明確な規定はないのである。

このことについて，三木義一教授は次のように述べている[2]。

　　「取引時に課税売上に対応すること，もしくは非課税売上に対応するものであることが，客観的にも主観的にも明白な場合は，売り手の納税義務の成立に対応して仕入税額控除も成立させることもあるいは可能かもしれない。しかし，どのような客観的基準で区分するのか法は明記していないし，個々の取引が将来どの売上に対応するか必ずしも明確でないものも少なくない。例えば，居住用にも事業用にも利用できるマンションを取得した場合，建物の客観的属性で判断するのか，納税者の主観的使用目的（事業主に賃貸したいと考えている場合は，課税売上対応になるのか）あるいは，当該課税期間終了時点の売上内容で判断するのか，法は明記していない。」

課税売上げか非課税売上げかにより，個別対応方式による仕入税額控除の計算は異なるし，仕入と販売時の売上との対応関係が問われる形とはなっているが，所得税や法人税における費用と収益の対応関係は消費税にはなく，ある課税期間に仕入れた物品やサービスに関する消費税は，その課税期間に控除される。売上は，その課税期間に生じるかもしれないし，次期以降の課税期間に生じるかもしれない。しかし，実際の売上の対応関係は問われずに，課税期間に仕入れに係る消費税は控除されるのである。

このことについて，金子宏教授は次のように述べている[3]。

　　「なお，消費税においては，所得税や法人税におけるような費用・収
　益対応の考え方はなく，ある課税期間に仕入れた物品やサービスに含
　まれている税額は，その物品やサービスがその課税期間の売り上げに
　対応するかどうかと関係なく，原則としてその課税期間において控除
　される」

また，朝長英樹氏も次のように述べている[4]。

　　「仕入れた時点でその仕入れにかかる消費税額を控除することができ
　る仕組みとするということになると，売り上げる時点になってから売
　上げとともに仕入を原価として計上する法人税や所得税とは違って，そ
　の仕入れにかかる消費税の控除を将来の売上げとは切り離して処理を
　することが必要になってきます。」

　仕入税額控除の特殊性として，仕入税額控除と売上げとの対応関係がないこ
とを述べたが，それでもマンション販売業者が仕入時に非課税売上げを確実に
予定していたとなると，課税売上げと非課税売上げに共通する課税仕入れ等に
係る仕入れに課税売上割合を乗じて仕入税額控除額を計算することになる。

　前述の平成24年の大阪国税不服審判所の裁決の場合，課税当局は，課税期間
にマンション販売業者が賃貸収入を得ていることに着目して，非課税売上げあ
りと判断しているが，それはたまたま販売用マンションを取得して，将来販売
する予定であるマンションに賃貸収入が発生しているにすぎないと考えるべき
ではないか。課税売上げが将来生じる予定であるが，課税期間に仕入税額控除
に対応する課税売上げが生じなかったにすぎない。

　たとえば，マンション販売業者がマンションを購入した段階では，あくまで
販売用で取得したが，後に販売できずに賃貸に出されるものもあるかもしれな
い。

　あるいは，賃貸用で取得したマンションが後に販売されることもあろう。こ
の場合は，当初は非課税売上げとして処理されていたため，仕入税額控除は行
われていない。しかし，結局，販売ということになると，にわかに仕入税額控

除が可能になるのではないかという疑問が生じる。

　また，土地を購入し，最初は砂利をそこから採取して販売したとする。土地そのものの仕入は仕入税額控除できないが，その砂利をとる作業に係る重機等の費用は，砂利の販売という課税売上げに対する費用として，仕入税額控除を受けることができたとする。しかし，砂利をどけたらきれいになって販売できることになり，そして販売することになると，土地の購入は非課税売上げに対応することになり，後になると，本来は重機等の費用は全額仕入税額控除できなかったのではないかという問題が生じてくる。

　このような疑問が生じることになるが，仕入時の納税者の判断で，販売目的で取得したならば課税売上げ対応なので全額仕入税額控除可能であるとし，あるいは賃貸目的であれば非課税売上げ対応なので仕入税額控除できないと判断せざるをえないし，また判断すべきなのではないか。

第3節　平成24年1月19日の国税不服審判所の裁決

　審査請求人（以下，請求人）は，販売する目的で建物を取得しているとし，またその取得に伴って住宅の貸し付けによる収入が発生しているが，これは販売用不動産としての商品価値を高めるためのものであって，その収入を得ることを目的としているものではないと主張している。

　また，請求人は，建物を棚卸資産に計上し，用途変更や改修工事をすることなく，そのまま他に譲渡しようとしたものであり，消費税法基本通達11-2-12の「そのまま他に譲渡される課税資産」に該当するとしている。

　原処分庁は，個別対応方式により控除対象仕入税額を算定する場合の課税仕入れ等の用途区分は，「課税仕入れを行った日の状況により行う」とされており，本件建物は，住宅の貸し付けの用に供されているものがあるとし，したがって本件建物は，「課税資産の譲渡等とその他の資産の譲渡等に共通して要する課税仕入れ」に該当するとしている。

　また，原処分庁は，消費税法基本通達11－2－12は，課税資産の譲渡等にのみ要する課税資産として，「そのまま他に譲渡される課税資産」を例示しているが，棚卸資産であれば必ず課税資産の譲渡等にのみ該当するとしているのではないとしている。

　昭和24年1月19日の国税不服審判所の裁決では，不動産販売業を営む請求人が取得した建物について，販売を目的として取得されてはいるが，マンション販売業者が取得した時点では住宅の貸し付け等の用にも供されており，個別対応方式により控除対象仕入税額を計算する場合において課税資産の譲渡等とその他の資産の譲渡等に共通して要するものに区分すべきものとされ，消費税及び地方消費税の更正処分並びに過少申告加算税の付加決定処分がなされている。

　マンション販売業者は，販売用建物の仕入は，建物の販売（課税資産の譲渡等）のためにのみ必要な仕入れであるとして，同仕入れに係る消費税全額を課税売上に係る消費税額として控除していた。しかし，課税当局に消費税の非課税売上げとなる住宅の賃貸による収入が発生していることに着目され，販売用とされている建物の仕入は，同建物の販売（課税資産の譲渡等）のみならず住宅の賃貸（課税資産の譲渡等以外の資産の譲渡等）のためにも必要なものであるとされ，その仕入れに係る消費税額については，その一部のみしか課税売上に係る消費税額から控除できないとされた[5]。

　この昭和24年1月19日の国税不服審判所の裁決を契機に，マンション販売会社が取得したマンションから生じる賃貸料収入という非課税売上が問題視されてきている。

第4節　さいたま地裁平成25年6月26日判決[6]

　原告であるサンテクノスは，投資家の抱くリスクを少なくすることにより，本件マンションをできる限り値崩れさせないで早期に売却しようと考えて，本件管理委託契約を締結したのであり，入居者の募集活動はまさに販売活動である

ことを主張している。また，会計処理上の科目を固定資産から棚卸資産に変更
しているし，資金調達方法が賃貸を前提としておらず，また賃料収入が6万4,000
円で売却代金に対する割合が0.0017にすぎず，本件マンションの取得について
住宅として貸し付ける目的はなかったとしている。

　被告は，本件課税仕入れの日である平成20年9月30日に本件管理契約を締結
して，本件マンションを住宅の貸し付けに供していて，本件課税期間において
本件マンションの貸付け等に係る収入として807万7,880円の賃料収入を得てお
り，また，サンテクノスは，本件マンションを固定資産として処理していたこ
とを指摘している。

　これらのことから，被告は，サンテクノスの本件マンションの取得は「課税
資産の譲渡等にのみ要するもの」ではなく，「課税資産の譲渡等とその他の資産
の譲渡等に共通して要するもの」に該当するとしている。

　判決は，次のようなものであった。

　　　サンテクノスは，本件マンションに関して，後に，法人税の確定申告書
　　において，建物から棚卸資産に修正しているものの，平成24年1月19日の
　　国税不服審判所の裁決と異なり，当初は建物として処理し，定額法の減価
　　償却がなされている。また，原告は，本件課税仕入れの日と同日に中央ビ
　　ル管理との間で本件管理委託契約を締結し，その後まもなく，中央ビル管
　　理を通じて賃貸契約を締結し，本件管理委託契約及び本件賃貸借契約とも，
　　本件マンションの使用目的を住宅に限定している。さらに原告は，本件課
　　税期間において，本件マンションの貸付け等に係る収入として807万7,880
　　円の賃料収入を得ている。これらのことから判決では，サンテクノスは，本
　　件課税仕入れである本件マンションの取得時に，客観的に見て本件マンシ
　　ョンを貸し付ける目的でも取得したと認めるのが相当であるとしている。

　また，判決では，サンテクノスの資金調達方法が賃貸を前提としていなかっ
たし，また原告の賃料収入が6万4,000円で売却代金に対する割合が0.0017にす
ぎなかったが，本件マンションの取得が販売目的のみではなく，住宅として貸
し付ける目的もあったと認めるのが相当とされた。

第5節　当初目的説の展開

　課税資産の譲渡等にのみ要するものの解釈に関して，大石氏は，最終目的説，費用・収益対応説と目的併存説の３種類に整理している[7]。

　最終目的説とは，最終目的が販売であれば，実際には賃貸料が課税期間に発生していても全額仕入税額控除を受けることができるという説である[8]。この説は，大石氏によれば朝長説である[9]。

　費用・収益対応説は，最終的に課税資産の譲渡等のコストに入る課税仕入れ等に着目する説である。大石氏によれば[10]最終目的説と似ているが，一時的に賃貸に回す販売用の居住用建物が固定資産として処理されていれば，減価償却費が発生して賃貸収入に対応するため，「課税資産の譲渡とその他の資産の譲渡等に共通して要するもの」に該当するが，最終目的説によれば，途中賃貸に回したとしても最終の目的が販売であれば，「課税資産の譲渡等にのみ要するもの」に該当するとしている。

　目的併存説は，一時的にでも賃貸に回す場合には，たとえ販売用の居住用建物であっても「課税資産の譲渡等とその他の資産の譲渡等に共通して要するもの」となる[11]。大石氏によれば，たとえば建物のごく一部がたまたま賃貸に回されていた居住用建物を仕入れても，「課税資産の譲渡等とその他の資産の譲渡等に共通して要するもの」となる[12]。大石氏によれば，これは課税庁側の考え方であるという[13]。

　筆者は，費用・収益対応説に疑問を有している。消費税は，法人税，所得税と異なり，仕入れに伴う仕入税額控除と売上げとの対応関係が問われないからである。マンションを仕入れた期間に仕入税額控除を受けることになるが，そのマンションを販売する時点は，仕入税額控除を受けた期間とは関係がない。マンションが仕入れた期間に販売されれば対応関係は保てるが，次の期間である場合もあるだろうし，あるいは仕入れた期間とはかなり隔たりがあるかもしれ

ないのである。

　最終目的説にも，筆者は疑問を有している。当初は，賃貸目的でマンション
を取得したが，その後，売却される場合もあるだろうし，逆に当初は販売目的
で取得したが，販売できずに賃貸となる場合もあろう。結果に着目しようとし
ても，将来のことはわからない。結局のところ，取得時にどのような目的で取
得したかで判断するより他はないのではないか。

　高橋貴美子氏が指摘しているように [14]，ある者が包丁を購入した場合に「包
丁」という対象からだけでは，人を傷つけるために用いられるのか，料理に用
いられるのかの判断はつかない。マンション販売業者が取得したマンションに
関しても，同様のことがいえる。販売目的なのか，それとも賃貸目的なのか，そ
れは客観的にはわからない。わかるのは，マンションを購入した業者のみであ
ろう。マンション販売業者が取得したマンションが，販売目的ならば棚卸資産
で処理するし，賃貸目的なら固定資産として処理して，消費税に関して，「課税
資産の譲渡等にのみ要するもの」と「課税資産の譲渡とその他の資産の譲渡等
に共通して要するもの」に分類すればよいのではないか。筆者のこの説は，い
わば当初目的説ということになろう。

　課税当局の「課税資産の譲渡等にのみ要する」課税仕入れとは，最終的に課
税資産の譲渡等のコストに入るような課税仕入れ等だけをいう [15] という解釈
が示されたことがあり，この解釈は影響力がある。この解釈が意味するところ
は，最初に非課税売上げである家賃収入が発生したり，あるいは中途で非課税
売上げである家賃収入を得るという目的等があったりしたこととは関係なく，最
終的に課税資産の譲渡等のコストに入るような課税仕入れ等であったのか否か
によって，「課税資産の譲渡等にのみ要するもの」かどうかを判断するものであ
る [16]。大石氏も，さいたま地裁判決は，本来は事業者が持っていた最終的な目
的がどのようなものであったのかということによって判断しなければならない
にもかかわらず，事業者の最終的な目的にかかわりなく判断するかのごとく説
明していると批判している [17]。しかし，最終目的で判断することに執着するの
は適切ではないと，筆者は考える。最終的には販売されるかあるいは賃貸とな

るかはわからないが，当初の目的が販売ならば，仕入税額控除を全額受けられるという制度設計をするのはやむを得ないことなのではないか。

　購入が行われ，そして仕入税額控除を受ける課税期間中に譲渡されるとは限らない消費税の特性を考慮すると，当初目的説を採用せざるを得ないのではないか。

　前述のさいたま地裁の判決でも，消費税法30条に照らすと，仕入税額控除の場合は，仕入れと売上げの対応関係を切断し，当該資産の譲渡が実際に課税資産譲渡に該当するかどうかを考慮することなく，仕入れた時点において課税仕入れ等に当たるかどうか判断すべきであるという記述がある[18]。

　目的併存説は，一時的にでも賃貸収入があれば，「課税資産の譲渡とその他の資産の譲渡等に共通して要するもの」に当たるという説であるが，たまたま販売目的で取得したマンションに賃貸収入が発生していただけならば，それは捨象して考えて「課税資産の譲渡等にのみ要するもの」に該当すると考えるべきではないか。仕入税額控除を受けたいのなら，最初から賃貸されているマンションなど購入すべきではないというのなら，それは中立性を欠いた問題のある税制ではないか。

第6節　む　す　び

　マンション販売業者が取得したマンションにかかる消費税の問題は，行政の連続性という観点からも問題である[19]。国税庁の解釈は，当初仕入時の納税者の目的を重視するものであったが[20]，次第に一時的な賃貸収入に着目して非課税売上げありとして，「課税資産の譲渡とその他の資産の譲渡等に共通して要するもの」に当たるという解釈に変化してきている[21]。マンションの販売業者が取得したマンションに対する消費税の適切な検討が行われないまま，あいまいな課税が行われている状況は，法的安定性と予測可能性の観点からすれば，明らかに問題である。

また，朝長氏は，税理士や弁護士が，国税不服審判所の裁決を参考に，納税者に判断をゆだねるような無難な対応をしていたのではないかとも指摘している[22]。本来支払う必要のない税金を納税者は払わされていた可能性があるといわざるを得ない。実務家は，判例等の先例でもって判断するという側面があるのは否めないが，課税当局と不要な争いを避けたいために，税務当局にいわれるがまま税金を払う姿勢は問題ではないか。もっとも大石氏が，本来支払う必要性のない税金を払うほうが，社会的責任を果たすほうが望ましいという考え方がわが国で根付いているという興味深い見解もある[23]。

　さて，裁判所の判断は，社会通念に照らして，人々が望む解釈がなされるものであるし，またすべきでもあろう[24]。法を解釈する場合は，社会が望ましいと考える解釈がとられるべきである。法の解釈者は，単に法律の客観的意味を認識するのみならず，自らの実践的立場から法を評価し，この評価に基づいて法に望ましいと思う意味づけを与えていくものであり，また与えていくべきである。渡辺洋三教授は，このことについて次のように述べている[25]。

　　「つまり，解釈者は，単に法規の客観的意味を認識するのみならず，
　　みずからの実践的立場から，これを評価し，この評価にもとづいて，の
　　ぞましいとおもう意味づけを，これにあたえてゆかなければならない。
　　この点が，自然現象の意味の解釈とちがうことはもちろん，源氏物語
　　の解釈，資本論の解釈等々といわれる場合の解釈（文献学的解釈）と
　　はちがう実践的解釈の特色である。」

　大石氏は，次のように指摘している[26]。

　　「税務訴訟に限ったことではないですが，裁判所も，社会通念に照ら
　　して結論が妥当なものとなっているか，という点は当然見ます。裁判
　　所が報道に振り回されるということはもちろんないでしょうが，そう
　　はいっても，自分たちが描いた判決が社会にどのような反応を持って
　　受け入れられているか，という点に無関心ではいられないはずです。」

　取引高税（turnover tax）と異なる付加価値税（value added tax）の長所として，税の累積の排除があるが，非課税という制度がその障害となっているこ

とは否めない。マンション販売業者が取得したマンションに係る消費税の問題も，この非課税という制度が生み出したものであり，そもそも非課税という制度自体が問題であるということはいえよう。そもそもマンションを購入した時点で，マンション販売業者は消費税を負担していることは事実であり，非課税制度があるがゆえに，仕入れた際の消費税が全額控除することができないという問題を生ぜしめている。マンション販売業者は，消費税に関して決して得をしているわけではないので，マンション販売業者がマンションを購入した際に，棚卸資産で処理をしたとしたら，支払った消費税に関して仕入税額控除を認めるとしてもよいのではないだろうか。

【注】

（1）　朝長英樹，大石篤史「消費税「課税資産の譲渡等にのみ要するもの」の解釈（1）」TA master No. 743，7頁，2018年6月。
（2）　三木義一「対応概念・仕入税額控除と消費税の構造」立命館法学429頁，2013年6月。
（3）　金子宏『租税法　第十二版』（弘文堂・2007年）526頁。
（4）　朝長，大石・前掲注（1）10頁。
（5）　「たとえば，最近の実務では，入居者との賃貸借契約書の賃貸期間が長いものなど，一定のものについては，「譲渡資産の譲渡等とその他の資産の譲渡等に共通して要するもの」に当たるとして課税処分を行う一方で，先ほど申しあげたとおり，取得時において既に販売契約が締結されているようなケースであれば，なお「課税資産の譲渡等にのみ要するもの」とする取扱いを認めてきた例もあるようです。しかし，そのような区分に関するメルクマールがこれまで納税者に示されなかったため，実務は，非常に混乱しました。そのため，課税庁側としては，いまさら両者を区分するメルクマールを示すのは厄介なので，いっそのこと，ほんの少しでも賃貸目的があれば，例外なくすべて「譲渡資産の譲渡等とその他の資産の譲渡等に共通して要するもの」に当たるということにしてしまおう，という方向に大胆に触れてしまった可能性があると思っています。」朝長英樹，大石篤史「消費税「課税資産の譲渡等にのみ要するもの」の解釈（4）」TA maser No. 743，23頁，2018年6月。
（6）　さいたま地方裁判所平成23年（行ウ）第33号。
（7）　朝長，大石・前掲注（5）25頁。
（8）　同上，同頁。
（9）　同上，同頁。
（10）　同上，同頁。

(11)　同上，同頁。

(12)　同上，同頁。

(13)　同上，同頁。

(14)　高橋貴美子「販売用賃貸マンションの取得に係る仕入税額控除の用途区分について～取得目的に関する事実認定の観点から～」税務事例 Vol. 50 No. 7，17頁(注)（4），2018年7月。

(15)　和氣光「消費税仕入税額控除制度の改正とその実務」『消費税「仕入税額控除制度の改正とその実務』（税務研究会出版局・2011年）104頁。

(16)　朝長英樹「居住用建物の売買取引における消費税の課税仕入れの取り扱い（下）－「課税資産の譲渡等にのみ要するもの」の解釈」税務事例 Vol. 50 No. 4，11頁，2018年4月。

(17)　朝長秀樹「消費税「課税資産の譲渡等にのみ要するもの」の解釈（3）」TA master No. 742，12頁，2018年6月。

(18)　前掲注(6)。

(19)　朝長，大石・前掲注(5)24頁。

(20)　朝長秀樹「消費税「課税資産の譲渡等にのみ要するもの」の解釈（2）」TA master No.740，5頁，2018年5月。

(21)　朝長，大石・前掲注(1)6－8頁。

(22)　朝長，大石・前掲注(5)27頁。

(23)　同上，26頁。

(24)　「いかなる場合にも，全体としての社会は，広い公共的重要性を持つあらゆる問題については，たとえ最高裁判所の判事全員が死に絶え全く新しい顔ぶれが任命されるまで待っても，社会が望む分類をさせるものである。希望通りの決定が下されたとき，人々は言う。「真理が勝った」要するに，社会は望みの結果を生むような分類の体系を「真理」と見るのである。」S. I. Hayakawa, Language in Thought and Action, Forth Edition 207（Harcourt Brace Jovanovich, Inc, 1978）.：大久保忠利訳『思考と行動における言語』（岩波書店・1985年）232頁。

(25)　渡辺洋三『法というものの考え方』（日本評論社・2008年）216頁。

(26)　朝長，大石・前掲注(1)7頁。

終　章

第1節　はじめに

　現代は，新自由主義の時代であるといわれる。そして，その新自由主義の特徴として，小さな政府と減税がある。小さな政府と減税は，裕福な企業や人々にインセンティブを与え，結果的に，貧しい人々にもその恩恵が回ってくると，新自由主義は唱える[1]。アメリカでは，確かに，小さな政府と減税により，裕福な企業や人々は一定の富を得た。しかし，アメリカにおいて，これらのお金は，貧しい人々には回っていない。トリクルダウンは，起こっていないのである[2]。

　井堀利宏教授は，財政状況の厳しさからすると，消費税の増税は望ましいとする[3]。また，石弘光教授は，社会福祉水準を維持するために，租税負担率を引き上げるべきとしている。そして，個人所得税の増税か消費税の増税が必要であるとし，欧米諸国と比較すると，税率の低い消費税を増税するのが現実的であるとしている[4]。

　これに対して，消費税を増税する必要はないとする論者もいる。浜田宏一教授によれば，消費税率を上げると，消費が冷えて景気が悪くなるという[5]。富岡幸雄教授も，消費税率をむしろ下げるべきであると主張している[6]。

　消費税を増税しないで税の自然増収を期待するのは，裕福な企業や人々が富を得れば，最終的にはその富の恩恵を貧しい人々も享受できるとする新自由主義の主張とどこか似ているところがある。どんなに科学が発達しても，人間は

将来起こるすべてのことを予見することはできない。確かにやってみなければわからないところがあるが，消費税を増税しないあるいは減税して，果たして税収が増えるのだろうか。財政状況の厳しいわが国にあって，増税しないで税の自然増収を期待するのは，ある種の博打のようなものにしか筆者には思えない。消費税増税をしないで，財政健全化がなしえるのなら，それはむしろ望ましいことである。しかしそれは大きなリスクを伴う，壮大な実験となろう。

　財政健全化のために，消費税を増税するのが，やはり安全で確実な政策ではないか。令和元年の消費税率8％から10％アップは，当然のこととして受けとめなければならないだろう。

　もっとも，消費税には，さまざまな構造的な問題がある。免税事業者，簡易課税，インボイス，そして本書で取り扱った非課税である。

　財政健全化のための方法は，もう一つあり，それは租税特別措置を整理していくというものである。もっとも最近は，法人税に関する租税特別措置の整理合理化はほとんど進まず，所得税に関する租税特別措置の整理合理化が静かに進められている。基礎控除，配偶者控除，公的年金等控除，そして給与所得控除などは，減額されてきている。寄附金控除，医療費控除，雑損控除に関しては，所得概念の精緻化の観点からすると，所得から控除される資格を有すると考えられるし，また実際に減額もされていない。

　しかしながら，これら三つの所得控除には，本書で指摘したように問題もあり，本書は，この三つの所得控除に関する問題点を指摘している。

第2節　所得控除に関する諸問題

第1項　寄附金控除

　所得税法における寄附金控除の取り扱いとして，所得控除と税額控除がある。わが国において寄附金控除が採用されたのは昭和37年であり，このときは，所

得控除方式ではなく，税額控除方式で導入されている。税額控除方式の場合は，算出税額から寄附をした金額に一定の調整をした金額が控除される。これに対して，所得控除方式は，所得金額から寄附をした金額に一定の調整を施した金額が控除され，適用される税率によって軽減される税額に違いが生じる。所得控除方式を導入すると税率の高い高額所得者ほど，寄附金控除額は大きくなる。いわば逆進性を有しているわけで，その逆進性等が考慮され，最初は税額控除方式が導入されている[7]。

　寄附金控除が認められている理由としては，一般的には，インセンティブ機能があることがあげられる[8]。寄附金控除は，原則としては，所得から控除される資格は持たないが，寄附は，社会的に望ましいので，それを促進する手段であるがゆえに特別に認められている制度であると考えられている。寄附金控除は，いわば博愛精神を育てるという政策目的に合致しているので，特別に認められていると考えられているのである。

　しかしながら，寄附金控除は，所得概念の精緻化の観点からすれば，特別に認められている控除ではなく，所得からその控除が当然認められると見ることもできる。ヘイグ・サイモンズ（Haig-Simons）の定義によれば，所得は，一定期間における所得（累積）プラス消費であるとされる[9]。ここで重要なのは，消費が所得にプラスされることであるが，しかし本書で指摘したように，ここにおける消費に何が含まれるかは，あいまいなところがある。寄附は，消費に含まれないという見解もある。そしてもし寄附が消費に含まれないならば，寄附は，所得から控除される資格を持つと考えることができるのである。

　アンドリュースによれば，寄附金は消費に含まれない[10]。なぜならば，寄附は，排他的な消費ではないからである。寄附をすると，寄附をした人は，心理的な満足を得られるかもしれないが，実際に財やサービスを消費したのは，寄附をした側ではなく，あくまで寄附を受け取った側である。通常，消費は支出をした人が専ら享受するものであるが，寄附は支出した人が専ら享受するものではない。この意味で，寄附は排他的な消費ではないわけで，アンドリュースによれば，それゆえ寄附は消費ではないということになるのである。

アンドリュースが主張するように，寄附が消費に含まれないとすると，寄附金控除は所得から控除される資格を有することになる。所得概念の精緻化の観点からすれば，寄附は所得から当然控除される資格を持つのである。そしてこの考え方に基づくと，寄附金控除は他の控除されるべき費用と同様ということになるので，採用されるべき方法は税額控除方式ではなく，所得控除方式となる。累進税制度が採用されている関係で，所得が多い人ほど寄附金控除の便益を受けるので，逆進性を持つという批判があるだろうが，寄附金が所得から控除される資格を有するのであれば，所得控除方式が適切ということになろう。

第2項　医療費控除

眼鏡等の支出が医療費控除の対象となるかどうかが争われた裁判に，いわゆる藤沢メガネ訴訟がある[11]。この裁判では，眼鏡等の費用は，異常ではなく一般的な支出であり[12]，医師の治療も伴わず，自分自身を健康状態に戻すためのものではないなどの理由で，医療費控除は認められないとされている。

一般的には，医療費控除の根拠として，担税力があげられる[13]。病気を持っている家族と病気を持っていない家族とでは，担税力は異なる。病気を持っている家族の所得税の支払い能力は低い。それ故，医療費控除は認められているというのである。

医療費控除の根拠には別のものがあり，それは所得概念の精緻化によるものである。この観点からすれば，医療費控除は所得から控除される資格を有することになる。アンドリュースは，医療費は，不可避的に生じたものであり，また望んで支出したものではなく，納税者を健康な状態に戻すためだけの費用であり，それは消費とみるべきではないと主張している[14]。

このアンドリュースの医療費控除の根拠からすると，眼鏡等の費用も，医療費控除の範疇に入ると解釈することができる。所得税法73条，所得税法施行令207条は，医療費控除の条件として医師等の治療を求めているが，本人を健康状態に戻すための支出という点に着目するアンドリュースの考え方に基づくならば，少額であり，医師等の治療は伴わないが[15]，眼鏡等の費用も医療費控除の

対象となるのではないか。

　また，アンドリュースの考え方は，納税者本人を健康状態に戻すための本人以外の何らかの付属物にまで拡張しうる。眼鏡等の費用は，本人そのものの健康状態を回復させるための支出ではない。しかし，本人の病気を緩和する，あるいは改善するための費用であることは間違いない。アンドリュースの医療費控除の根拠に基づけば，本人の健康状態を保つための付属物である眼鏡等の費用は，医療費控除の対象となるのではないか。

　さらには，アンドリュースの考え方に基づくと，高額な眼鏡フレームは，医療費控除の対象からは除外される。なぜならば，アンドリュースの観点からすると，値段が高い眼鏡フレームは，健康状態に戻すために一般的に必要な支出であるとは考えられないからである。

第3項　雑損控除

　2011年3月11日東日本大震災が発生し，東日本に住んでいた人々は，津波等により甚大な被害を被った。その際に注目を浴びた所得控除が雑損控除である。東日本大震災が発生した後，雑損控除制度が果たした役割は計り知れないものがあり，たくさんの人々がこの制度の恩恵に浴した。

　しかしながら，東日本大震災をきっかけにして，雑損控除の課題も明らかになった。

　まず，雑損控除の範囲の問題がある。アメリカではダイヤモンドのようなぜいたく品も控除の対象になるが，わが国では生活に通常必要な資産のみが雑損控除の対象とされ，基本的には自動車は除かれている。自動車は生活に必要な資産ではないという認識があるのだろうが，現代の日本にあって，自動車は生活に必要な資産ではないか。

　阪神・淡路大震災の時も，東日本大震災の際も，自動車は，雑損控除の対象とされている。これは，現実的な対応であると思うが，これが特例のままでよいかという問題が残された。

　損害額の確定に関する問題も明らかになった。ヘイグ・サイモンズの所得の

定義からすると，所得は期首と期末の財産の市場価値の変動である[16]。この所得の定義に基づき，雑損控除額を算定するならば，時価で控除額が測定されなければならない。

　しかしながら，原価ではなく時価による測定は，現実的ではないところがある。所得税法施行令206条1項2号ロに「当該住宅家財等の原状回復のための支出」とあるので，この場合の時価は，時価は時価でも売却時価ではなく再調達原価になる[17]。しかし，具体的に考えると，簡単なものではない。

　生活に通常必要な資産の時価算定は，容易でないし，客観性が乏しい。かつて購入した電化製品や衣類の価額が現在購入したらいくらになるかという計算は容易なものではない。中には，実際には購入することが不可能なものもある。また，東日本大震災においては，津波により流され，現物がない場合もあり，震災前に自分がどのような家財を有していたのかが定かでない場合も多い。

　足切額の存在に関する問題も明らかになった。わが国の所得税法において，雑損控除が全額控除されないことになっているのは，シャウプ勧告で10％の足切額が提案されていることに由来する[18]。シャウプ勧告によると，雑損控除制度において，いわゆる足切額が設けられているのは，少額の損失控除が多数申請されると税務行政が不要な負担を負うとの理由による。また，本書で指摘したように，10％の足切額には，累進税制度との親和性というメリットもある。

　しかしながら，災害による損失等は消費ではないという議論があり，災害による損失等が消費ではないとすると全額控除されないことに疑義が生じる。また，今回の大震災のような場合の所得の10％に相当する金額は認められず切り捨てられてしまうのは，やはり問題があるといわざるを得ない。

　所得控除の順番に関する問題も明らかになった。所得税法87条1項によれば，所得控除には順番があり，雑損控除がまず適用され，続いてその他の控除が適用されることになっている。

　また，雑損控除のみが繰り越すことができ，他の所得控除の繰越しは認められていない。その理由は，これもまた，本書で指摘したようにシャウプ勧告によるものである[19]。

　今回の震災で，所得の少ない納税者は，基礎控除や，扶養控除，生命保険料控除などは繰越しが認められていないので，優先的に適用される雑損控除だけで終わってしまい，他の所得控除の権利が消失してしまうことに関して受け入れがたいところがあり，これも今後の課題の一つとして残された。

第3節　消費税の非課税等に関する諸問題

第1項　土地付き建物の仕入税額控除

　土地付き建物を購入した場合は，それぞれの価額を決定しなければならない。契約書に，それぞれの価額が書かれている場合には，その契約書に書かれている金額で価額を決定することになる。しかし，土地と建物を同時に購入し，それぞれの金額が区分されていない場合には，それぞれの金額を決定する必要が生じる。

　土地と建物を一括して取得した場合は，それぞれの価額を合理的に区分しなければならないのであるが，時価の決定にはいくつかの方法がある。たとえば，⑴固定資産税評価額を基準にする場合，⑵建物の標準的な建築価額表を基準にする場合，⑶相続税評価額を基準にする場合，などがある。

　問題なのは，それぞれの価額をどのように決定するかによって，税務上の有利不利が生じることである。

　土地付き建物を買う側であるとすると，建物の価値を高めようとする誘因が存在する。消費税に関していうと，購入側は，なるべく仕入税額控除を大きく計上したいので，課税となる建物の金額を高める誘因が生じる。減価償却費に関していうと，土地は，減価償却という手続きはないが，建物に関しては，減価償却という手続きを行う必要が生じる。減価償却費は，経費になる。建物の価値を高めたい誘因が生じるのは，消費税だけではなく，減価償却費が大きくなるためでもある。

土地については，消費税が非課税であるために，建物の価額を高め土地の評価を低くするという選択が可能となる状況があり，税の中立性を損なう問題が生じている。消費税の多寡で評価方法を決めるというのは，やはり問題であろう。

土地の購入は，通常の意味では資本の移転であり，非課税とされていて，それ故，このような税の中立性を損なう問題が生じている。

しかしながら，金子宏教授は，土地は，製品という新しい経済的価値を創出しており，消費税を課すことに理論上の問題はないとしている[20]。そして金子教授は，土地は，建物，機械，設備と同様に付加価値を生み出す源泉となっており，土地の購入ないし賃借に消費税を課すことは理論上の障害は全くないとしている[21]。

また，アラン（Alan）も，土地の購入は，通常の意味では消費支出ではないとしながらも，土地の購入と売却の価値の変動に付加価値税を課すことは実用的であるとしている[22]。

そして，カナダ，オーストラリア，そしてニュージーランドといった国で採用されているモダン（Modern）VATは，土地にも付加価値税を課している[23]。

金子教授が指摘するように，土地は，製品という付加価値を生み出す源泉となっているものであり，Alanが指摘しているように，土地の取得価額と売却価額の変動に付加価値税を課すことは実用的でもある。土地取引は単なる資本の移転で，消費ではないという先入観から逃れて，モダンVATに習って，税の中立性を保つため，わが国でも土地に関して消費税を課すようにすべきではないか。

第2項　給与と外注費の区分

給与と外注費の税務上の区分について，本書は取り上げた。会社が支払った経費が「給与」になるのか「外注費」になるのか，これは税務調査でよく問題となる点である。両者に関して，税務上どのような違いがあったのだろうか。まず，給与についてである。アルバイト，パート，社員などいろいろな雇用形態

があるが，すべて給与支給時に所得税の源泉徴収義務が生じる。また，給与は不課税取引になるので，消費税はもちろんかからない。外注費の場合は，源泉徴収の必要はなくなる（ただし，所得税法204条１項に該当する報酬・料金については，源泉徴収が必要である）。また，外注先への支払いは消費税がかかるので，消費税は課税仕入取引として取り扱われ，仕入税額控除の対象になる。また，外注費の場合は社会保険の加入義務もないので，会社が社会保険料を負担することもない。

　したがって，一見すると，外注費で処理するほうが会社にとって有利であるように思われる。しかし，「給与」にするか「外注費」にするかは，会社が勝手に決めてよいものではなく，「契約内容」や「業務実態」などの客観的な事実関係で判定しなくてはいけないので，注意が必要になる。

　「給与」と「外注費」の線引きは，基本的には帰納的な定義，すなわち非独立性と従属性で判断される。非独立性と従属性という観点に合致すれば給与となり，合致しなければ外注費となる。

　また，給与は，雇用契約もしくはこれに準ずる契約に基づいて受ける役務の提供の対価である。これに対して，外注費は，契約もしくはこれに準ずる契約に基づいて受ける役務の提供の対価である。

　ただし，実態として形式的に契約書があれば外注費になるというものでなく，その区分が明らかでないケースも多く，その場合は「業務の実態」に応じて判断を行うことになる。税務上は，「形式上」プラス基本的には消費税法基本通達１－１－１に基づいて，総合的に勘案して判定することになる。

　その契約に係る役務の提供に他人が，代替して業務を行えるかどうかで判断する。代替して業務を行うことができる場合には，外注費となる。つまり，外注先のスタッフや孫請けに仕事をやらせてもよい場合には，外注費になるのである。

　役務の提供にあたり，事業者の指揮監督命令を受けるかどうかでも判断する。外注であれば業務の進行や手順について自由に決めることができる。指揮監督命令を受けないとなると外注費となる。逆に，指揮監督命令を受けることにな

れば，雇用関係があるとみなされ，給与とされる可能性がある。

　まだ引き渡しを了していない完成品が不可抗力のため滅失した場合等においては，報酬の請求ができないならば外注費になる。

　また，役務の提供に係る材料又は用具等を供与されているかどうかでも判断する。自分で材料を用意するのが外注費になる。給与であれば，作業に使う材料などは用意されるはずである。

　基本的には，上記の内容で判断をするが，外注であっても実際には業種によって材料を支給されたうえで業務を行ったり，指揮監督命令のもとで業務を行ったりすることもある。したがって，給与か外注費かの判断は，必ずしも上記の基準のみを形式的に当てはめて判断するのではなく，個別ごとの契約内容，業務実態に応じて総合的に判断することになる。

　もっとも，これらの通達で判断できない場合には，本書で指摘したように，基本的には給与所得の帰納的な定義，「独立性」と「従属性」で判定することができる。本書では，建設業とホステス業に関する裁判例を通して，給与と外注費の判断基準を考察している。

　建設業でいえば，労働者災害補償保険に入っているとか，健康診断の受診料を会社から受け取っていたかどうかとか，食事代等を受け取り，福利厚生費で処理していたなどに当てはまれば，外注費ではなく給与と判断される。ホステス業の事例でいうと，就業時間に自由裁量があるかとか，売上の一部がホステスに入る状況にあるなどに当てはまれば，外注費と判断される。建設業で，複数の会社に属して建設作業をしている場合には請負だが，一つの会社に専属なら給与と判断される。ホステス業でも，複数の店で働いているなら請負，単一の店で働いているなら給与と判断される。

　通達に関して，筆者には疑問がある。通達によれば，その契約に係る役務の提供の内容が他人の代替を容れることができるなら，それは請負と判断される。仕事が代替できるなら，それは給与であり，逆に，仕事が極めて特殊で代替が困難である場合には，それは給与というよりも，むしろ請負という色彩を帯びるのではないか。

今までどおり，同じ会社で同じ仕事をしているのに，仕入税額控除を受けたいがために，給与から外注に切り替えた場合には，課税当局にそこを指摘される可能性があるので注意を要する。

第3項　マンション販売業者の仕入税額控除

消費税の仕入税額控除は，個別対応方式と一括比例配分方式の2種類があり，有利な方法を選択すればよいことになっている。もっとも，一括比例配分方式を採用した場合には，2年間以上継続した後でなければ，個別対応方式を採用することができなくなるので，注意を要する（消費税法30条）。

マンション販売業者が，マンションを仕入れて，それを販売するのであれば個別対応方式により全額仕入税額控除できるが，非課税売上げが生じていると，個別対応方式でも，課税売上げと非課税売上げに共通する課税仕入れ等に係る仕入れに課税売上割合を乗じて仕入税額控除額を計算することになる。すると，マンション販売業者は，土地という非課税売上が大きいので課税売上割合が小さくなり，認められる仕入税額控除額が相当小さくなってしまう恐れが生じる。

実際，平成24年の大阪国税不服審判所の裁決（平成24年1月19日裁決）では，一時的ではあるが，賃貸収入が生じて，全額仕入税額控除することはできず，一部しか仕入税額控除できないと裁決されている。

通常は，売上とその売上原価は直接的な対応関係があるが，消費税に関しては，仕入れた際に支払った消費税と販売時に受け取ることになる消費税とは，直接的な関係はない。実際，マンション販売会社の真の目的である販売は，購入した年に生じるかもしれないが，2，3年後になるかもしれず，受取消費税はその時に発生するのである。また，賃貸収入はあるにはあるが，それはマンション販売業者の真の目的である販売と関係性は希薄である。そう考えると，この裁決に疑問が残る。

これまでは，マンション販売業者に対して全額仕入税額控除が認められてきたので，この裁決は，マンション販売業者にとって衝撃的な裁決となっている。全額仕入税額控除の根拠は，本書で指摘したように，消費税法基本通達11－2－

12であり，この通達の「なお，当該課税仕入れ等を行った課税期間において当該課税仕入れ等に対応する課税資産の譲渡等があったかどうかは問わないことに留意する。」を根拠に，マンション販売業者が取得したマンションに関しては，「課税資産の譲渡等にのみ要するもの」として，全額の仕入税額控除が認められてきた。

　さて，マンション販売業者の仕入税額控除に関して，三説あるという指摘があり，大石氏は，最終目的説，費用・収益対応説と目的併存説の3種類に整理している[24]。

　最終目的説とは，最終目的が販売であれば，実際には賃貸料が課税期間に発生していても，全額仕入税額控除を受けることができるという説である[25]。この説は，大石氏によれば朝長説である[26]。

　費用・収益対応説は，最終的に課税資産の譲渡等のコストに入る課税仕入れ等に着目する説である。大石氏によれば[27]，最終目的説と似ているが，一時的に賃貸に回す販売用の居住用建物が固定資産として処理されていれば，減価償却費が発生して賃貸収入に対応するため，「課税資産の譲渡とその他の資産の譲渡等に共通して要するもの」に該当するが，最終目的説によれば，途中賃貸に回したとしても，最終の目的が販売であれば，「課税資産の譲渡等にのみ要するもの」に該当するとしている。

　目的併存説は，一時的にでも賃貸に回す場合には，たとえ販売用の居住用建物であっても，「課税資産の譲渡等とその他の資産の譲渡等に共通して要するもの」となる[28]。大石氏によれば，たとえば建物のごく一部がたまたま賃貸に回されていた居住用建物を仕入れても，「課税資産の譲渡等とその他の資産の譲渡等に共通して要するもの」となる[29]。大石氏によれば，これは課税庁側の考え方であるという[30]。

　筆者は，以上の三つの説はいずれも問題があると指摘し，新しい説を提唱した。筆者の説は，いわば当初目的説である。販売目的なのか，それとも賃貸目的なのか，それは，客観的にはわからない。わかるのは，マンションを購入した業者のみであろう。マンション販売業者の取得したマンションが，販売目的

ならば棚卸資産で処理するし，賃貸目的ならば固定資産として処理して，消費税に関しては，「課税資産の譲渡等にのみ要するもの」か，あるいは「課税資産の譲渡とその他の資産の譲渡等に共通して要するもの」として処理すればよいのではないか。

　最終的には，販売されるかあるいは賃貸となるかはわからないが，購入が行われ，そして仕入税額控除を受ける課税期間中に譲渡されるとは限らない消費税の特性を考慮すると，当初の目的が販売ならば，仕入税額控除は受けられるという制度設計をするのはやむを得ないことなのではないか。

　そもそも非課税制度自体が問題である。マンション販売業者は，マンションを購入した時点で消費税を負担していることは事実であり，非課税制度があるがゆえに，仕入れた際の消費税を全額控除することができないという問題を生ぜしめている。マンション販売業者は，消費税に関して決して得をしているわけではない。マンション販売業者がマンションを購入した際に棚卸資産で処理をしたとしたら，そのマンション販売会社の意思を尊重して，支払った消費税に関して仕入税額控除を認めてよいのではないか。

　マンション販売業者が取得したマンションにかかる仕入税額控除の問題は，行政の連続性という観点からも問題である[31]。国税庁の解釈は，当初仕入時の納税者の目的を重視するものであったが[32]，次第に一時的な賃貸収入に着目して非課税売上げありとして「課税資産の譲渡とその他の資産の譲渡等に共通して要するもの」に当たるという解釈に変化してきている[33]。課税当局の適切な指針がないまま，あいまいな課税が行われてきているこの状況は，納税者にとって明らかによくない。

　また，実務家は，判例等の先例でもって判断するという側面があるのは否めないが，課税当局と不要な争いを避けたいために，納税者に無難な対応を求める姿勢があるように思われ，マンション販売業者の仕入税額控除に関してもその傾向は見受けられる。これも，問題点としてあげられよう。

第4節　今後の展望

　本書で取り上げたサリーは，直接支出ばかりではなく間接支出に目を向け，財政支出を削減しようとした。政府は，非課税，免除，所得からの控除，特別控除といった形で，税の恩典を与えることがある。これらの恩典は，直接的な支出ではないが，これらの恩典の提供により税収が減るのは間違いないわけで，これらの恩典の提供も間違いなく政府支出である。

　しかも，これらは租税特別措置とよばれるものであり，特定の産業や個人を優遇するもので，明らかに公平概念に抵触し問題視されることもある。

　しかしながら，租税特別措置は，なくなることは全く考えられていない。それは，わが国の現在の状況のように，国の財政が大変な状況であっても依然として変わらない。政府は，たとえば法人に対しては，減価償却の加速償却や，特別償却，あるいは引当金や準備金という制度を通じて，個人に対しては，所得控除などを通じて，インセンティブを提供し，人々の行動を政府が考える望ましい方向に向けさせようとしている。

　もっとも，所得税に関する租税特別措置は，目立たない形で増税されてきている。そして，令和に入り，その増税傾向は加速している。たとえば，基礎控除は380,000円から480,000円に増額されて，このように増額された控除があるものの，全体としては増税である。また，復興増税は相変わらず健在である。所得税は，令和19年まで通常の所得税額の2.1％を通常の所得税額に加えて納めることになっている。配偶者控除はわかりづらいが，基本的には減額されている。また，公的年金等控除も，よく見ると減額されている。給与所得控除も毎年減額されており，令和の改正でも小刻みな所得区分がなされ，よく見ると，全体的に減額されている。筆者は，このように目立たないが少しずつ進行している増税を，"クリーピング・インフレーション（creeping inflation）"忍び寄るインフレにちなんで，"クリーピング・タックスインクリース（creeping tax increase)〝忍び寄る増税とよんでいる。

　上記の所得税法における租税特別措置は，所得税法・法人税法の一般法で定められているのであるが，広い意味で租税特別措置に該当する項目である。そして，これらの租税特別措置は，消費税の増税とは異なり目立たない。また，国民の意思を選挙等で問われることなく，知らず知らずに増税できるものばかりである。

　逆に，日本の法人税は，このところ減税路線である。法人税に関しては平成24年4月1日から平成27年3月31日までで復興増税は終了したし，法人税率は下がり続けている。経済のグローバル化により，工場や地域本社の誘致を競い合うようになり，わが国だけではなく，諸外国も税率の引き下げを行っている。今後，ますますこの傾向は加速するだろう。

　さて，消費税に関しては，令和に入り，問題解決の兆しは見える。インボイスの採用が予定されており，これにより益税問題はかなり改善されるのではないか。インボイスを発行しない業者は，その業者と取引をしても，仕入税額控除を受けることができないので，ビジネスから除外されるだろう。これまで免税事業者として益税という恩恵を受けてきた業者も，ビジネスから除外されないように免税事業者をやめることになるだろう。

　しかしながら，本書で指摘した，消費税の非課税取引は，まだしばらくはなくなりそうもない。非課税取引があると仕入税額控除が受けられず，事業者が消費税を負担しなければならない場合がある。また，仕入税額控除を制度上受けられない非課税事業者の中には，消費税を負担するのを避けるため消費税を価格に転嫁するものもいる。さらには，土地付き建物を購入した場合に，仕入税額控除を少しでも多く受けたいならば，非課税である土地よりも課税となる建物の価額をできるだけ大きくしようとする場合もある。また，マンション販売業者が取得したマンションが，たまたま賃貸され，そこに非課税取引ありとされ，仕入れたマンションの仕入税額控除が全額受けられないという問題も生じている。これらの非課税取引の問題がある限り，本書の主張は，まだしばらくの間有効であるように思う。

【注】

（１） 服部茂幸『新自由主義の帰結』（岩波新書・2013年）10，11頁。

（２） 同上，58頁。

（３） 井堀利宏『消費税増税は，なぜ経済学的に正しいのか』（ダイヤモンド社・2016年）81－82頁。

（４） 石弘光『消費税の政治経済学』（日本経済新聞社・2009年）277頁。

（５） 浜田宏一『アメリカは日本経済の復活を知っている』（講談社・2012年）193－198頁。

（６） 富岡幸雄『消費税が国を亡ぼす』（文春新書・2019年）88－90頁。

（７） 岡崎一郎「所得税法の一部改正について」税経通信第17巻第６号20頁，1964年４月。

（８） 吉村典久「所得控除の意義について」税研136号16頁，2007年11月。

（９） Henry C. Simons, Personal Income Taxation 51, 53（1938）The University of Chicago press Chicago, Illinois.

（10） William D. Andrews, Personal Deductions in an Ideal Income Tax, 86 Harv. L. Rev. 309, 314, 315（1972）.

（11） 藤沢メガネ訴訟（横浜地裁平成元年６月28日判決・昭和61年（行ウ）第１号・同62年（行ウ）第４号所得税更正処分取消請求事件）。

（12） Shoup Mission, Report on Japanese taxation,Vol. 1, 104, General Headquarters Supreme Commander for the Allied Powers, 1949.：シャウプ使節団『日本税制報告書』（1949年）第１篇第５章Ｅ節104頁。

（13） Stanley S. Surrey, Pathways to Tax Reform 21, 22（1973）Harvard University Press, Cambridge Massachusetts.

（14） *See* Andrews *supra* note 10 at 333－336.

（15） 現在は，医療費控除ではないが，医療費控除との選択適用で，セルフメディケーション税制が認められており，特定一般用医薬品等購入費を支払った場合に，一定金額の所得控除を受けることができるが（措法41条の17の２），この場合には，医師の治療は要らないし，市販の風邪薬も対象となる。

（16） *See* Simons, *supra* note ９ at 50.

（17） Shoup Mission, *supra* note 12, 103.：シャウプ使節団前掲注(12)第１篇第５章Ｅ節103頁。

（18） *Id.*

（19） *Id.* at 133：シャウプ使節団・前掲注(12)第２篇第７章Ｃ節133頁。

（20） 金子宏「総論－消費税制度の基本的問題点－」日税研論集第30号８頁，1994年12月。

（21） 結局のところ，金子教授は，消費税になじまないという理由で，非課税とされている，金融取引，保険取引，土地取引は，消費税になじまないわけではないとし，次のように述べている。「以上のように，金融取引，保険取引，土地取引は，決してそ

の性質上消費税になじまないわけではない。これらの三つの取引は，我が国の経済
において極めて大きなウエイトを占めているから，これらの取引を消費税の課税の
対象とすることによって，我が国の消費税の課税ベースは著しく拡大し，その税収
ポテンシャルは著しく増大するであろう。その結果，消費税率の引き上げによって
一定額の増収を期待する場合に，税率の引き上げ幅は少なくて済むことになる。ま
た，これによって，我が国の消費税制度は一層簡素となり，また産業間の整合性が
高まるであろう。」同上，同頁。

(22)　Alan A. Tait, VALUE ADDED TAX INTERNATIONAL PRACTICE AND PROB-
LEMS 81（International Monetary Fund Washington, DC 1988）.

(23)　Satya Poddar, Symposium on designing a federal VAT：part 1：Taxation of
Housing under a VAT 63 Tax L. Rev. 443.

(24)　朝長英樹，大石篤史「消費税「課税資産の譲渡等にのみ要するもの」の解釈（4）」
TA maser No. 743，2018年6月，25頁。

(25)　同上，同頁。

(26)　同上，同頁。

(27)　同上，同頁。

(28)　同上，同頁。

(29)　同上，同頁。

(30)　同上，同頁。

(31)　同上，24頁。

(32)　朝長秀樹「消費税「課税資産の譲渡等にのみ要するもの」の解釈（2）」TA master
No. 740，5頁，2018年5月。

(33)　朝長英樹，大石篤史「消費税「課税資産の譲渡等にのみ要するもの」の解釈（1）」
TA master No. 743，6－8頁，2018年6月。

あ と が き

　法の解釈者は，望ましいと思う意味づけを与えなければならない。ひとりよがりの恣意的な解釈ではなく，多くの人が納得するような共感を呼ぶ解釈でなくてはならない[(1)]。法律から導かれる多数の解釈のうち，一つの解釈を選択して，なぜそのような結論が導かれたのかを論理的に筋道を立てて，提示できなければならない[(2)]。この場合は，解釈者の価値判断とその解釈を受け取る価値判断が同じであることが重要である[(3)]。

　法を解釈する場合には，社会が望ましいと考える解釈がとられるべきである。法の解釈は，裁判官という解釈者が，法を個人的に解釈するのではなく，社会が望ましいと考える方向性を考慮して行われなければならない。

　法の解釈者というのは，創造的な実践的解釈をしていく存在である。すなわち解釈者は，単に法律の客観的意味を認識するのみならず自らの実践的立場から法を評価し，この評価に基づいて法に望ましいと思う意味づけを与えていく。法の解釈には，最初から結論がある。そして，その結論を見据えて，法の解釈者は法を解釈しているといえる。迷路でいうと，迷路の入り口から入って，くねくねと曲がった論理を追って結論を出しているのではない。むしろ出口あるいは結論を最初に探して，それから論理を組み立てていくという道筋で法を解釈しているのである[(4)]。渡辺洋三教授は，このことについて次のように述べている[(5)]。

　　「つまり，解釈者は，単に法規の客観的意味を認識するのみならず，
　　みずからの実践的立場から，これを評価し，この評価にもとづいて，の
　　ぞましいとおもう意味づけを，これにあたえてゆかなければならない。
　　この点が，自然現象の意味の解釈とちがうことはもちろん，源氏物語
　　の解釈，資本論の解釈等々といわれる場合の解釈（文献学的解釈）と
　　はちがう実践的解釈の特色である。」

また，渡辺教授は⁽⁶⁾，法の実践的解釈は，指揮者や演奏家の作品解釈と似ているとし，指揮者や演奏家の解釈が共感を呼び起こすように，裁判官の解釈も，多くの人々の共感を得るものでなければならないとし，次のように述べている。

　　「……，解釈者たる演奏家は，自己の主体的立場において，そこから
　　さまざまの価値をひきだしてくる。かくて演奏家は，ショパンを現代
　　に再構成して示す。その演奏家の解釈やそれにもとづく演奏がすぐれ
　　ていれば，それは多くの人の共感を呼ぶ。しかし，ひとりよがりの恣
　　意的解釈をしたのでは，おおくの人の共感を呼びおこさない。その演
　　奏家はみずからの演奏に責任を負わなければならない。……裁判官を，
　　指揮者なり演奏家なりの立場において考えてみるがよい。あたえられ
　　た素材たる法規を実践的にどのように評価するかによって，解釈は異
　　なりうる。ふつう，一つの法規について複数の解釈が成立する。そし
　　て，そのうちのどれをえらぶかは，裁判官の実践的決断の領域に属す
　　る。かくてその判決は，法規を主体的に解釈して具体的事件に適用し
　　た結果である。私たちは，裁判官の解釈をつうじてしか法を知ること
　　はできない。その裁判官の解釈やそれにもとづく判決がすぐれていれ
　　ば，それはおおくの人の共感を呼びおこすであろう。」

　裁判の結果は，人々が望むものになるし，またならなければならない。ハヤカワ（Hayakawa）は，次のように述べている⁽⁷⁾。

　　「いかなる場合にも，全体としての社会は，広い公共的重要性を持つ
　　あらゆる問題については，たとえ最高裁判所の判事全員が死に絶え全
　　く新しい顔ぶれが任命されるまで待っても，社会が望む分類をさせる
　　ものである。希望通りの決定が下されたとき，人々は言う。「真理が勝
　　った」要するに，社会は望みの結果を生むような分類の体系を「真理」
　　と見るのである。」

　さて，通達も，社会が望むものであるし，また望むものでなければならないものであろう。ここでは，消費税の仕入税額控除の通達と，かつての債権償却特別勘定の通達を用いて，そのことを示したい。

190

　消費税法基本通達9－1－5は，資産譲渡の時期が「引き渡し」時であることを述べているものである。消費税の仕入税額控除が可能となる時期も，原則的にはこの資産の「引き渡し時」である。

　しかしながら，下記の消費税法基本通達11－3－6により，部分的完成引き渡しの場合でも，仕入税額控除が認められることになった。

　11－3－6　事業者が，建設工事等に係る目的物の完成前に行った当該建設工事等のための課税仕入れ等の金額について建設仮勘定として経理した場合においても，当該課税仕入れ等については，その課税仕入れ等をした日の属する課税期間において法第30条≪仕入れに係る消費税額の控除≫の規定が適用されるのであるが，当該建設仮勘定として経理した課税仕入れ等につき，当該目的物の完成した日の属する課税期間における課税仕入れ等としているときは，これを認める。

　この通達は，あくまで原則的には，資産の完成，引き渡し時に，消費税の仕入税額控除が認められるのであるが，建設中でも部分的に完成していれば，一部引き渡しと捉えて，仕入税額控除が認められる規定である。たとえば，足場の組み立てが完了した時点で1,000万円を支払うとか，設備工事を知り合いの会社に頼んで，設備工事が完成し，設備工事費用を支払ったケースがこれに該当する。他に，たとえば建物の設計を設計事務所に依頼し，設計料等をすでに支払っているケースがこれに該当する。

　さて，もしこのような部分的な引き渡しの仕入税額控除が認められるならば，契約時に1割，中間時に4割，完成時に5割と，工事の進捗度に応じて元請業者が下請業者に支払った場合は，仕入税額控除ができるのではないかという疑問が生じるであろう。たとえば，1,000万円の請負工事に関して，建設会社が検収を行い，30％できたので300万円を下請業者に支払ったとしよう。これは，完全な引き渡しではないが，ある程度できていれば契約の下で支払うことにしていて，実際に支払っているならば仕入税額控除ができるのではないかという疑問が生じたのである。法律は開かれていて（open texture），いわば解釈にさらされる存在であるが[8]，通達もまた開かれていて，解釈される存在である。

その後，下記の通達11－6－6が発令された。

11－6－6　建設工事等を請け負った事業者（以下11－6－6において「元
請業者」という。）が，建設工事等の全部又は一部を他の事業者（以下11－
6－6において「下請業者」という。）に請け負わせる場合において，元請
業者が下請業者の行った工事等の出来高について検収を行い，当該検収の
内容及び出来高に応じた金額等を記載した書類（以下11－6－6において
「出来高検収書」という。）を作成し，それに基づき請負金額を支払ってい
るときは，当該出来高検収書は，法第30条第9項第2号《請求書等の範囲》
に規定する書類に該当するものとして取り扱う（当該出来高検収書の記載
事項が同号に規定する事項を記載しており，その内容について下請業者の
確認を受けているものに限る。）。

　なお，元請業者は，当該出来高検収書を作成し下請業者に記載事項の確
認を受けることにより，当該出来高検収書に記載された課税仕入れを行っ
たこととなり，法第30条第1項《仕入れに係る消費税額の控除》の規定が
適用できるものとして取り扱う。

　㈿　この取扱いは下請業者の資産の譲渡等の計上時期により影響されるも
のではないことに留意する。

　新たに発遣された上記の通達は，工事が完成する前であっても，建設工事等
の一部が完了した段階で，検収をして，請負金額を元請業者が下請業者に支払
った場合には，その支払った金額に関する消費税の控除を認めるものである。

　この通達は，建設業者にとって，極めて好都合なものであることは疑いがな
い。すでに指摘したように，消費税法基本通達9－1－5では，資産譲渡の時
期が引き渡し時であり，消費税の仕入税額控除が可能となる時期もこの資産の
引き渡し時となっている。しかし，これを忠実に守ると，検収し，進捗度に応
じて元請業者が支払いを行うと，収入はないのに支払いが先行し，そして消費
税の仕入税額控除ができない状態に元請業者は陥ってしまう。元請業者に運転
資金の問題が生じてしまうのである。しかし，この通達により，元請業者は，工
事の引き渡し前に消費税の仕入税額控除が可能になり，消費税に絡んだキャッ

シュ・フローの問題を回避できるようになったのである。

この仕入税額控除に関する通達は，厳格な法律の規定を納税者の利益になるよう緩和した内容であり，納税者の予測可能性を確保する点でも，納税者の権利を保護するものとなっている。この通達は，納税者を拘束するというよりは，納税者有利に作用するもので，通達をかざして，税を徴収するという一般的な通達のイメージからかけ離れたものである。

納税者が安心して有利な方法を選択することを可能にする通達として，従来の債権償却特別勘定に関する税務通達もあげることができる（平成10年改正前の法人税基本通達9－6－4～9－6－11）。債権償却特別勘定は，平成10年の改正で，個別評価する債権に係る貸倒引当金（法人税法施行令96条）に移行している。ご案内のように，法律的にあるいは経済的に回収不能であると認められない限り，債権に関する貸倒損失は，税務上経費に認められない。債権償却特別勘定に関する通達は，このような厳格な貸倒損失の規定を緩和するものとして機能していて，有利な方法の選択を納税者に可能にしていた[9]。

各章の原形をなす文章は，次のとおりである。本書をまとめるにあたり，不要なものは削り，また必要なものは加えたりして，章によっては内容もかなり修正を加えた。こうした修正は，本書を少しでもよいものにしたかったために他ならないので，ご容赦願いたい。

はしがき

小池和彰「所得税法における支払利子の資本化」京都産業大学経済経営論叢第33巻第3号，1998年12月。

序　章

『解説　法人税法　第5版』（税務経理協会・2018年）。

「租税特別措置の整理合理化：昭和31年の臨時税制調査会答申と昭和32年度の税制改正を中心として（後藤文彦先生，吉冨和雄先生名誉教授退職記念号）」京都マネジメント・レビュー20巻，2012年3月。

第1章

　「財政支出削減の手段としてのサリー教授の租税論」『税経通信』第67巻第
2号，2012年2月。

第2章

　「寄附金控除を支える二つの根拠」『税経通信』第68巻第8号，2013年7月。

　「藤沢眼鏡訴訟の再検討－医療費控除を支える論拠からの反論－」『税経通
信』第69巻第9号，2014年8月。

　「東日本大震災で明らかになった雑損控除の課題」『会計監査ジャーナル』
第27巻第4号，2015年4月。

第3章

　「寄附金控除を支える二つの根拠」『税経通信』第68巻第8号，2013年7月。

第4章

　「藤沢眼鏡訴訟の再検討－医療費控除を支える論拠からの反論－」『税経通
信』第69巻第9号，2014年8月。

第5章

　「東日本大震災で明らかになった雑損控除の課題」『会計監査ジャーナル』
第27巻第4号，2015年4月。

第6章

　「マネーマシンとしての消費税」『東北学院大学経営学論集』第14号，2019
年12月。

第7章

　「現行消費税法の盲点」『税経通信』第57巻第16号，2002年12月。

第8章

　「土地付き建物の取得価額」『会計監査ジャーナル』第31巻第5号，2019年
5月。

第9章

　「給与と外注費を区分する判断基準」『東北学院大学経営学論集』第14号，
2019年12月。

第10章

　「マンション販売業者の仕入税額控除の問題」橋本尚編著『現代会計の基礎
　と展開』（同文館・2019年）。

終　章

　『解説　所得税法　第5版』（税務経理協会・2020年）。

あとがき

　「税務通達の実質的効力」『税務弘報』第64巻第6号，2016年6月。

　さて，最後に，私生活で筆者を支えてくれた人にもお礼を述べたい。筆者の
妻小池真紀，子供小池希・将太郎，両親故小池幸夫・知代子，弟小池知幸，妹
小田部由紀子，筆者の家族には大変お世話になっている。何とか本書をまとめ
ることができたのは，これらの人々の存在があったからで，最後にみなさんに
お礼をいって本書をしめくくりたい。

　2020年1月23日

小 池 和 彰

【注】

（1）　渡辺洋三『法というものの考え方』（日本評論社・2008年）216頁。
（2）　渡辺・前掲注（1）218頁。
（3）　同上。
（4）　藤林益三著作集『法律家の知恵』（東京布井出版・1993年）97頁。
（5）　渡辺・前掲注（1）216頁。
（6）　同上，217頁。
（7）　S. I. Hayakawa, Language in Thought and Action, Forth Edition 207（Harcourt
　　　Brace Jovanovich, Inc, 1978).：大久保忠利訳『思考と行動における言語』（岩波書店
　　　・1985年）231頁。
（8）　H. L. A. Hart, The concept of law, 120（1961）Oxford at the Clarendon Press：矢
　　　崎光國監訳『法の概念』（みすず書房・1976年）133頁。
（9）　債権償却特別勘定は，貸付金等の評価損の計上を禁じている法律の規定を緩和す
　　　る規定であり，緩和通達とよばれている。詳しくは，品川芳宣「租税法律主義と税
　　　務通達（3）税務通達の法的性格」税理第44巻3号，2001年3月を参照されたい。

（参 考 文 献）

（和書）

石弘光『税制ウォッチング』（中公新書・2001年）。

_____，『消費税の政治経済学』（日本経済出版社・2009年）。

_____，『増税時代』（ちくま新書・2012年）。

石村耕治『アメリカ連邦財政法の構造』（法律文化社・1995年）。

伊藤元重『入門経済学第4版』（日本評論社・2015年）35頁。

井堀利宏『消費税増税は，なぜ経済学的に正しいのか』（ダイヤモンド社・2016年）。

岩崎政明『ハイポセティカル・スタディ租税法』（弘文堂・2010年）。

上村敏之『アメリカ連邦政府と地方政府における租税支出レポートの現状と日本財政への適用に関する考察』（平成20年度海外行政実態調査報告書・2001年）。

大谷英暉『消費税の歴史と問題点を読み解く』（幻冬舎ルネッサンス新書・2017年）。

大蔵省財政史室編『昭和財政史』（東洋経済社・1990年）。

金子宏『租税法（第12版）』（弘文堂・2007年）。

河合厚編『医療費控除と住宅借入金等特別控除の手引き』（大蔵財務協会・2007年）。

川島正樹『アファーマテイヴ・アクションの行方』（名古屋大学出版会・2014年）。

久保文明『アメリカ政治史』（有斐閣・2018年）。

小池和彰『給与所得者の必要経費』（税務経理協会・2005年）。

小池和彰・齊藤真紀『解説 法人税法 第5版』（税務経理協会・2018年）。

_____，『解説 所得税法 第5版』（税務経理協会・2020年）。

財務省『平成22年度税制改正大綱』（平成21年）

佐々木毅『アメリカの保守とリベラル』（講談社学術文庫・1993年）。

佐藤進・宮島洋『戦後税制史』（税務経理協会・1979年）。

武田昌輔監修『DHC コンメンタール所得税法』（第一法規）。

注解所得税法研究会編『注解所得税法』（財団法人大蔵財務協会・2001年）。

富岡幸雄『消費税が国を亡ぼす』（文春新書・2019年）。

松尾徹人，小林弘明，折笠竹千代，板倉敏和『地方税Ⅱ』（第一法規出版・1985年）。

水野忠恒『租税法（第3版）』（有斐閣・2007年）。

宮島洋『租税論の展開と日本の税制』（日本評論社・1986年）。

服部茂幸『新自由主義の帰結』（岩波新書・2013年）。

浜田宏一『アメリカは日本経済の復活を知っている』（講談社・2012年）。

藤林益三著作集『法律家の知恵』（東京布井出版・1993年）。

臨時税制調査会編『臨時税制調査会答申』（1956年）。

渡辺淳一『鈍感力』（集英社・2011年）

渡辺将人『見えないアメリカ』（講談社現代新書・2008年）。

渡辺洋三『法というものの考え方』（日本評論社・2008年）。

山本守之『実務消費税法』（税務経理協会・1997年）。

（和雑誌）

会田弘継，宇野重規「世界標準から見た「保守」「リベラル」」中央公論，2013
　　　　年5月。

朝長英樹「居住用建物の売買取引における消費税の課税仕入れの取り扱い（下）
　　　　－「課税資産の譲渡等にのみ要するもの」の解釈」税務事例Vol.50
　　　　No.4，2018年4月。

朝長英樹，大石篤史「消費税「課税資産の譲渡等にのみ要するもの」の解釈
　　　　（1）」TA master No.743，2018年6月。

＿＿＿＿，「消費税「課税資産の譲渡等にのみ要するもの」の解釈（2）」TA
　　　　master No.740，2018年5月。

＿＿＿＿，「消費税「課税資産の譲渡等にのみ要するもの」の解釈（3）」TA
　　　　master No.742，2018年6月。

＿＿＿＿，「消費税「課税資産の譲渡等にのみ要するもの」の解釈（4）」TA
　　　　maser No.743，2018年6月。

安部和彦「社会政策的配慮に基づく消費税の非課税措置の将来像（上）」税務弘
　　　　報第63巻6号，2015年6月。

石川鉄也「所得控除の優先順位に関する考察」税経通信第66巻11号，2011年９月。

石弘光「VATその後」フィナンシャル・レビュー，1991年３月。

岩崎政明「医療費控除の適用範囲—メガネ・コンタクトレンズの購入費用及び
　　　　検眼費用」ジュリ第967号，1990年11月。

上村敏之「所得税における租税支出の推計－財政の透明性の観点から」会計検
　　　　査研究38号，2008年９月。

碓井光明「給与所得者が通勤及び勤務先の業務用に利用していた自動車が所得
　　　　税法９条１項９号にいう生活用動産に該当するとされた事例」税務
　　　　事例第19巻３号，1987年３月。

岡崎一郎「所得税法の一部改正について」税経通信第17巻第６号，1964年４月。

小川正雄「アメリカにおける医療費控除の研究」税法学439号，1987年７月。

奥谷健「寄付金税制の現状と課題－個人所得税」税研第26巻６号，2011年５月。

金子宏「固定資産税の性質と問題点」税研第９巻50号，1993年７月。

＿＿＿＿，「総論－消費税制度の基本的問題点－」日税研論集第30号５頁，1994
　　　　年12月。

神田良介「給与所得についての会計学的一考察－給与所得控除の意義を中心と
　　　　して」明大商学論叢第84巻第４号，2002年３月参照。

北野弘久「メガネ，コンタクトレンズの購入等と所得税法にいう医療費控除」
　　　　『社会保障判例百選（第２版）』1990年11月。

小池和彰「所得税法における支払利子の資本化」京都産業大学経済経営論叢，
　　　　第33巻第３号，1998年12月。

＿＿＿＿，「給与所得者の必要経費－費用収益対応の観点から－」會計第169巻
　　　　第４号，2006年４月。

＿＿＿＿，「現行消費税法の盲点」税経通信第57巻第16号，2002年12月。

＿＿＿＿，「財政支出削減の手段としてのサリー教授の租税論」税経通信第67巻
　　　　第２号，2012年２月。

＿＿＿＿，「租税特別措置の整理合理化：昭和31年の臨時税制調査会答申と昭和
　　　　32年度の税制改正を中心として（後藤文彦先生，吉冨和雄先生名誉

教授退職記念号）」京都マネジメント・レビュー20巻，2012年3月。

_____，「寄附金控除を支える二つの根拠」税経通信第68巻第8号，2013年
7月。

_____，「藤沢眼鏡訴訟の再検討—医療費控除を支える論拠からの反論—」税
経通信第69巻第9号，2014年8月。

_____，「東日本大震災で明らかになった雑損控除の課題」会計監査ジャーナ
ル第27巻第4号，2015年4月。

_____，「税務通達の実質的効力」税務弘報第64巻第6号，2016年6月。

_____，「土地付き建物の取得価額」会計監査ジャーナル第31巻第5号，2019
年5月。

_____，「マンション販売業者の仕入税額控除の問題」橋本尚編著『現代会計
の基礎と展開』同文館，2019年。

_____，「給与と外注費を区分する判断基準」東北学院大学経営学論集第14
号，2019年12月。

_____，「マネーマシンとしての消費税」東北学院大学経営学論集第14号，2019
年12月。

五嶋陽子「シャウプ勧告と医療費控除制度」商経論叢第45巻第1号，2009年10月。

駒木晃「アメリカにおける「租税支出」概念の展開と法人所得税の実効税率」
レファレンス357号，1980年10月。

佐々木潤子「医療費控除の対象となる医療費の判断基準－アメリカを素材とし
て—」税法学第541号，1999年5月。

佐藤英明「雑損控除制度－その性格づけ」日税研論集第47号51頁，2001年5月。

_____，「雑損控除と医療費控除—制度の性格と内容」税研136号，2007年11月。

_____，「給与所得の意義と範囲をめぐる諸問題」金子宏編『租税法の基本問
題』（有斐閣・2007年）。

酒井克彦「所得控除と税額控除」税務弘報第58巻第3号，2007年6月。

_____，「所得税法上の医療費控除の意義と射程範囲（上）－先例的取扱いの
重圧と緩和通達—」税務弘報第55巻第8号，2007年7月。

＿＿＿＿＿，「寄付金控除の今日的意義と役割（中）」税務弘報第58巻第3号，2010年3月。

品川芳宣「租税法律主義と税務通達（3）税務通達の法的性格」税理第44巻3号，2001年3月。

庄司香「Ⅰ部 政治」渡辺靖編著『現代アメリカ』（新曜社・2014年）。

掃部実「所得税法の改正」『改正税法のすべて』国税速報2023号，1967年。

染谷恭次郎「会計上の利子概念」早稲田商学第297号，1982年10月。

染谷千枝子「伴走を終えて」『染谷恭次郎博士追悼論文集 現代会計研究』（白桃書房・2002年）。

高橋貴美子「販売用賃貸マンションの取得に係る仕入税額控除の用途区分について～取得目的に関する事実認定の観点から～」税務事例Vol.50 No.7，2018年7月（注）（4）。

田中康男「所得控除の今日的意義－人的控除のあり方を中心として－」税務大学校論叢48号，2005年6月。

玉國文敏「医療費控除の範囲と限界－通達課税の一側面－」塩野宏ほか『雄川一郎先生献呈論集・行政法の諸問題（下）』（有斐閣・1990年）。

忠佐市「アメリカの租税歳出論議」税経通信第36巻第3号，1981年2月。

都築巌「給与と外注費をめぐる税務 建設業関係・ホステス等に係る留意点」税経通信第71巻第10号，2016年9月。

辻山栄子「租税支出から直接支出へ」－S. S. Surreyの提言－」現代日本経済社会研究第1号，1979年4月。

富岡幸雄「実施された「消費税」の基本的欠陥の検討－非課税取引・税率構造・簡易課税制度の吟味を中心として－」商学論叢第30巻第4・5・6号，1989年3月。

冨田尚敬「給与所得控除の再検討」国学院大学経済学研究第35号，2003年。

畠山武道「租税特別措置とその統制－日米比較－」租税法研究第18号，1990年10月。

林仲宣「外注費の課税仕入れ」税務弘報第57巻第4号，2009年4月。

藤宗和香「眼鏡等の購入代価・検眼料と医療費控除」税務弘報第38巻第6号，1990年5月。

星野英敏「近視等の眼の屈折異常を矯正するための眼鏡及びコンタクトレンズの購入費用並びに眼の屈折検査及び眼鏡等の処方の費用について，所得税法七十三条の医療費控除の適用はないとされた事例」訟月第35巻第10号，1989年10月。

法人課税速報「給与所得と事業所得との区分　給与？それとも外注費？」（東京国税局　平成15年7月第28号　TAINS）

増井良啓「所得税法から見た日本の官と民－寄附金控除を素材として」江藤憲治郎編『融ける境超える法3市場と組織』（東京大学出版会・2005年）。

増山裕一「災害時の所得税及び住民税の救済税制－東日本大震災において国税庁が示した合理的計算方法」大阪経大論集第62巻第4号，2011年11月参照。

三木義一「非課税取引とゼロ税率」日税研論集第30号，1995年3月。

＿＿＿＿，「対応概念・仕入税額控除と消費税の構造」立命館法学，2013年6月。

矢野秀利「VATはマネー・マシーンか？－付加価値税と政府規模」税経通信第67巻15号，2012年12月。

吉牟田勲「租税支出の国際基準の逐条的研究－個人所得税関係」『中川一郎先生喜寿祝賀税法学論文集』1986年7月。

吉村典久「所得控除の意義について」税研136号，2007年11月。

和氣光「消費税仕入税額控除制度の改正とその実務」『消費税「仕入税額控除制度の改正とその実務』（税務研究会出版局・2011年）。

（洋書）

Alan A. Tait, VALUE ADDED TAX INTERNATIONAL PRACTICE AND PROBLEMS (International Monetary Fund Washington, DC 1988).

Aaron Henry J, The Value-added Tax Lessons from Europe (Washington DC. The Brookings institution, 1981).

Carroll Lewis, Alice in Wonderland（W. W. Norton & Company, Inc. 1971）.

Hart H. L. A., The concept of law, 120（1961）Oxford at the Clarendon Press：矢崎光國監訳『法の概念』（みすず書房・1976年）。

Hayakawa S. I., Language in Thought and Action, Forth Edition 207（Harcourt Brace Jovanovich, Inc, 1978）.：大久保忠利訳『思考と行動における言語』（岩波書店・1985年）。

Kahn Harry C., Personal Deductions in the Federal Income Tax（1960）12, 13 Princeton University Press, Princeton.

Kuhn Thomas S., The STRUCTURE OFSCIENTIFIC REVOLUTIONS（University of Chicago Press, Chicago, 1962）：中山茂訳『科学革命の構造』（みすず書房・1971年）。

Richard Goode, The Individual Income Tax,（1964）166 The Brookings Institution, Washington, D. C：塩崎潤訳『個人所得税』（日本租税研究協会・1966年）。

Shoup Mission, Report on Japanese taxation, Vol.1 197-204, General Headquarters Supreme Commander for the Allied Powers, 1949.：シャウプ使節団『日本税制報告書』（1949年）。

Simons Henry C., Personal Income Taxation, 50（1938）The University of Chicago press Chicago, Illinois.

Surrey Stanley S. & Paul R. McDaniel, Tax Expenditures, 205, 206（1985）Harvard University Press Cambridge Massachusetts.

Surrey Stanley S., Pathways to Tax Reform（1973）Harvard University Press, Cambridge Massachusetts.

（洋雑誌）

Andrews William D., Personal Deductions in an Ideal Income Tax, 86 Harv. L. Rev. 309（1972）.

Feld, Alan L., Book review, Pathways to Tax Reform, 88 Harv. L. Rev. 1047,

1050 (1975).

Griffith Thomas D., Theories of Personal Deductions in the Income Tax, 40 Hastings L. J. 343, 352 – 360 (1989).

Hellmuth W. & O. Oldman, Tax Policy and Tax Reform: 1961-1969, Selected Speeches and Testimony of Stanley S. Surrey 575 (CCH, 1973).

John R. Brooks II, Doing Too Much : The Standard Deduction and the Conflict between Progressivity and Simplification, 2 Colum. j. Tax L. 242 (2011).

Kahn, Jeffrey H, Personal Deductions – A Tax "Ideal"or just Another "Deal" ? 2002 L. REV. MICH. ST. U. DET. C. L. 1, 27 – 29 (2002).

Karzon, Allaire Urban Tax Expenditures and Tax Reform, 38 Vand. L. Rev. 1397, 1402, n 20.

Keen Michael and Ben Lockwood, Is the VAT a money Machine ? 911 National Tax Journal (December 2006).

Kelman Mark G., Personal Deductions Revisited : Why They Fit Poorly in an "Ideal" Income Tax and Why Fit Worse in a Far From Ideal World, 31 STAN. L. REV. 831, 859, 863-864 (1979).

Koppelman Stanley A., Personal Deductions under an Ideal Income Tax, 3 Tax L. Rev. 679, 5 (1988).

Mclure Charles E., Jr., Value Added Tax : Has the time Come ? In Charls E.Walker and Mark Bloomfield, eds., New Directions in Federal Tax Policy for the 1980s (Cambridge. Mass. : Ballinger, 1983).

Mclure, Jr. Charles E., The Value ? added Tax-key to Deficit Reduction ? (American Enterprise Institute for Public Policy Research, Washington D.C, 1987).

Metcalf Gilbert E., Value-Added Taxation : A Tax Whose Time Has Come ? Journal Economic Perspectives -Volume 9, Number 1 127, 128 (Winter 1995).

Polsky Gregg D., Symposium : On Federal Budget and Debt Reduction: Rationally Cutting Tax Expenditure 50 U. Louisville L. Rev. 643, 644 (2012).

Poddar Satya, Symposium on designing a federal VAT : part 1 : Taxation of Housing under a VAT 63 Tax L. Rev. 443.

Satya Poddar, Symposium on designing a federal VAT : part 1 : Taxation of Housing under a VAT 63 Tax L. Rev. 443.

Shaviro Daniel, Rethinking Tax Expenditure and Fiscal Language, 57 Tax L. Rev. 187 (2004).

Stockfisch J. A., The Value-added Tax as a "Money Machine" The CONSUMPTION.

TAX a better Alternative ? ed., Charles E. Walker and Mark A. Bloomfield 225 (Cambridge, Massachusetts : Ballinger Publishing Company, 1987).

Stephen G. Utz, Ⅲ Taxation Panel : Tax Harmonization and Coordination in Europe and America 9 Conn. J. Int'l L 767, 791 (Summer, 1994).

Surrey Stanley S., Tax Incentives as a Device for Implementing Government Policy : A Comparison with Direct Government Expenditures, 83 HARV. L. REV. 705 (1970). : 田島裕訳「政府の政策目的の実現のために手段としての租税誘引措置－政府の直接支出との比較－」租税法研究第 1 号, 1973 年10月。

Utz Stephen G., Ⅲ. Taxation Panel : Tax Harmonization and Coordination in Europe and America 9 Conn. J. Int'l L 767, 791 (Summer, 1994).

（インターネット・新聞）

一般社団法人資産評価システム研究センター『地方税における資産課税のあり方に関する調査研究－平成27年度評価替えに向けた負担調整措置のあり方？－所有者実態が不明確な土地・家屋に対する固定資産税実務の現状－』2014年 3 月（http://recpas.or.jp/new/jigyo/report_web/pdf/h26_all/h26_report_arikata.pdf）

厚生労働省http://www.mhlw.go.jp/stf/seisakunitsuite/bunya/kenkou_iryou/

iryouhoken/iryouhoken14/index.html

財務省 https://www.mof.go.jp/about_mof/councils/fiscal_system_council/

OECD, Consumption Tax Trends VAT/GST and Excise rates, Trends and
　　　Administration Issues 2018.

「宮城, 震度7　大津波　M8.8国内最大　死者・不明者多数」『河北新報』
　　　2011年3月12日朝刊。

「宮古・姉吉地区「此処より下に家を建てるな」石碑の教え　守る」『河北新報』
　　　2011年4月10日朝刊。

「谷垣氏, 消費税10％「ここまできた」12年に3党合意」『日本経済新聞』2019
　　　年10月2日朝刊。『日本経済新聞朝刊電子版』2013年12月14日。

『朝日新聞朝刊電子版』2013年12月27日。

松本崇「全世代型市社会保障改革に向けて　若者の働き方支える視点を」日本
　　　経済新聞朝刊2019年11月1日。

（判例集）

行集32巻3号342頁。

裁決事例集第99集（平成27年4月〜6月）217−244頁。

シュト332号24頁。

訟月22巻12号2876頁。

訟月14巻6号699頁。

訟月34巻1号187頁。

訟月46巻9号3713頁。

判タ732号183頁。

判タ986号245頁。

判時1213号34頁。

判時1300号47頁。判時1354号59頁。

民集15巻9号2332頁。

税資243号153頁。

税資257号順号10825頁。

税資263号順号12319頁。

税資266順号12891頁。

(判例・日本)

藤沢メガネ訴訟（横浜地裁平成元年6月28日判決・昭和61年（行ウ）第1号・
　　同62年（行ウ）第4号所得税更正処分取消請求事件）

さいたま地方裁判所平成23年（行ウ）第33号

索　引

《 著 者 紹 介 》

小池　和彰（こいけ　かずあき）

東北学院大学経営学部教授
1986年　東北学院大学経済学部経済学科卒業
1988年　早稲田大学大学院商学研究科修士課程修了
1992年　早稲田大学大学院商学研究科博士後期課程単位取得退学
同　年　京都産業大学専任講師
京都産業大学経営学部教授を経て，現職。

主要著書
『現代会社簿記論』（共著）中央経済社　1993年。
『国際化時代と会計』（共著）中央経済社　1994年。
『現代会計研究』（共著）白桃書房　2002年。
『タックス・プランニング入門』（単著）創成社　2011年。
『アカウンティング・トピックス　増補改訂版』（単著）創成社　2012年。
『税理士になろう』（編著）創成社　2017年。
『給与所得者の必要経費　増補改訂版』（単著）税務経理協会　2017年。
『解説 法人税法　第5版』（共著）税務経理協会　2018年。
『新中級商業簿記』（共著）創成社　2019年。
『新入門商業簿記』（共著）創成社　2019年。
『税理士になろう2』（編著）創成社　2019年。
『解説 所得税法　第5版』（共著）税務経理協会　2020年。

著者との契約により検印省略

令和2年5月1日　初版発行

財政支出削減の理論と
財源確保の手段に関する諸問題

著　者　小　池　和　彰
発行者　大　坪　克　行
印刷所　光栄印刷株式会社
製本所　牧製本印刷株式会社

発 行 所　〒161-0033 東京都新宿区　　　株式　税務経理協会
　　　　　下落合2丁目5番13号　　　　会社

振　替　00190-2-187408　　　電話　(03)3953-3301（編集部）
FAX　(03)3565-3391　　　　　　　　(03)3953-3325（営業部）
URL　http://www.zeikei.co.jp/
乱丁・落丁の場合は，お取替えいたします。

ISBN978-4-419-06705-2　　C3034